心与活法

心と生き方

改变，从心开始

[日] 稻盛和夫 述

日本KCCS管理咨询株式会社 编

曹寓刚 译　曹岫云 审译

人民东方出版传媒
People's Oriental Publishing & Media
东方出版社
The Oriental Press

图书在版编目（CIP）数据

心与活法 /（日）稻盛和夫 述；日本 KCCS 管理咨询株式会社 编；曹寓刚 译 .
— 北京：东方出版社，2020.6
ISBN 978-7-5207-1523-2

Ⅰ . ①心…　Ⅱ . ①稻… ②日… ③曹…　Ⅲ . ①稻盛和夫 (Kazuo, Inamori 1932–) —
人生哲学　Ⅳ . ① K833.135.38 ② B821

中国版本图书馆 CIP 数据核字（2020）第 077908 号

- -

- -

本书中文简体字版权由汉和国际（香港）有限公司代理
中文简体字版专有权属东方出版社
著作权合同登记号 图字：01-2020-2216号

心与活法
（XIN YU HUOFA）

- -

述　　者：	［日］稻盛和夫
编　　者：	日本 KCCS 管理咨询株式会社
译　　者：	曹寓刚
审　　译：	曹岫云
责任编辑：	贺　方
出　　版：	东方出版社
发　　行：	人民东方出版传媒有限公司
地　　址：	北京市朝阳区西坝河北里 51 号
邮　　编：	100028
印　　刷：	北京文昌阁彩色印刷有限责任公司
版　　次：	2020 年 6 月第 1 版
印　　次：	2020 年 6 月第 1 次印刷
印　　数：	1 — 30000 册
开　　本：	787 毫米 × 1092 毫米　1/32
印　　张：	8.75
字　　数：	128 千字
书　　号：	ISBN 978-7-5207-1523-2
定　　价：	59.00 元
发行电话：	（010）85924663　85924644　85924641

- -

前　言

　　战后，日本经济持续成长，我们得以享受丰富的物质生活。但是，自20世纪90年代泡沫经济破灭以来，日本经济持续低迷将近30年，直到现在还看不到恢复的迹象。在此期间，我深切地感受到，新踏入社会的年轻一代对日本经济的成长逐渐失去了希望，开始安于现状，不再勇于向新事物发起挑战。

　　我非常担心，应该引领日本经济的年轻一代，如果今后对人生不再满怀希望，也无法理解工作的价值，只是茫然度日的话，那么，日本经济到什么时候也无法摆脱低迷的状态。

　　我强烈地期盼，这些年轻人能认真思考"心态"和"思维方式"的重要性。因为无论人生还是事业，都会由于"心态"和"思维方式"的不同而全然不同。

　　回顾迄今为止的人生，我强烈地感受到，"心态"和"思维方式"的改变，给我自己人生和工作的结果带来了巨大影响。

　　我 1955 年大学毕业，当时由于战后朝鲜特需（由朝鲜战争产生的经济上的特殊需求。——译者注）的突然消失，经济陷入萧条。对于毕业于地方大学的我来说，寻找工作是一件极为困难的事情。我希望入职的企业全都将我拒之门外，好不容易入职的京都企业，却是一家甚至连工资都无法按时发放的亏损企业。和我同期入职的伙伴们一进入公司就同声哀叹，"没想到进了这么一家破公司，我们赶紧辞职吧"。

　　在那样的环境里，同期进入的同事相继离职，最后只剩下了我一个人。到了这个时候，我不得不改变一直以来的思维方式，开始放弃抱怨牢骚，全身心地投入到了被指派的研究工作中。结果，虽然还是在同样的职场环境中从事完全一样的工作，但我所能感受到的工作意义却大不相同，越是投入越觉得有趣，工作变得愉快，取得了优异的研究成果。接着，我的人生就开始发生了转变。转变的结果是，我后来创办的京瓷和KDDI这两家公司都得以成长发展，日航的重建也取得了成功。

只要改变"心态"，人生就会发生改变。我借助讲演等一切机会阐述这一非常重要的人生真理。此次受PHP研究所之邀，由京瓷通信系统公司对这些讲演记录进行整理，并付梓出版。

本书由三部分构成，第一部分以"度过美好人生"为题，以我的"人生·工作的结果＝思维方式×热情×能力"这个方程式为基础，解释为什么思维方式在人生和工作中都极为重要。第二部分以"心与经营"为题，解释"心态"对工作和经营会产生何种影响。第三部分以推动明治维新的西乡南洲（西乡隆盛）的遗训集为内容，介绍领导者应该具备怎样的思维方式。

为了让各位读者更容易理解，本书内容以口述的形式出现，保留了我演讲时的口气。其中，我认为重要的部分，即便有重复，也特意保留了下来。

在我们的人生中，经常会面临意想不到的困难。但是，就像本书所阐述的那样，只要能够改变"心态"，就能克服困难，度过幸福美好的人生。我衷心祈愿，大家可以通过阅读此书，深入理解这一人生的真理。

日本经济或许很难摆脱目前低迷的状态。但是，只要每个人都能改变自己的"心态"，我们就能理解人生的意义，发现工作的价值，度过幸福美好的人生。我由衷地相信，当这样的人越来越多时，日本经济也一定会更为丰裕和生机勃勃。

2017 年 9 月

稻盛和夫

目　录
CONTENTS

目　录

第三部分　**人生哲学是我的精神支柱**

第一部分

度过美好人生

第一章

人生·工作的结果

人生·工作的结果＝思维方式 × 热情 × 能力

决定人生·工作结果的三个要素

我于 1932 年出生于鹿儿岛市，1955 年从鹿儿岛大学工学部毕业后，来到京都就职。当时我完全是一个乡巴佬，大学时代跟老师之间的交流用的也是鹿儿岛方言，连普通话都讲不好。虽然大学的成绩还算优秀，但由于是地方性大学，所以我觉得从全国水准来看的话，成绩并不算好。在这种情况下，要拼命努力生存，该怎么办呢？我小时候是孩子王，有争强好胜的一面，所以刚到京都时，经常思考这个问题。

在这样不断思考的过程中，我开始意识到，人生的结果、工作的结果，似乎应该可以用"思维方式""热情""能力"这三个要素的乘积来表达。

我并不具备出众的能力，像我这样的人，如果想要取得优异的工作成果，究竟需要什么条件呢？我最早想到的就是"热情"。我首先意识到了热情这个东西应该很重要，接下来意识到的就是"思维方式"的重要性。

意识到这些要素的契机，来自以下的经历。

当我还是孩子的时候，我的一个叔叔经常到家里来玩。鹿儿岛的男人很多都喜欢讲些豪言壮语，这个叔叔也是如此，喝了烧酒后，就开始吹牛了。比如说，他举出鹿儿岛知事（相当于省长。——译者注）和鹿儿岛出身的议员等人的名字，不屑地说，"那家伙小学时候远不如我，好不容易才上了中学。我脑子好，就是因为家里穷才没法继续上学的。"他总是这样扬扬得意地吹嘘，自己以前远比现在的知事更加优秀。

听到自己的亲戚这样了不起虽然也感觉不错，但另一方面我也好奇，"这样了不起的叔叔，现在却没什么成就，还老是到我家来喝着烧酒吹牛，而他所说的不如他的人，现在却成了了不起的知事。这是为什么呢？"还是孩子的我，心里总是感到一丝奇怪，想来想去，最后我是这么理解的——

"确实，在上小学的时候，就能力而言，可能叔叔更了不起。但他却因为'我脑子聪明'而骄傲、懒怠，结果变成了这样一个无用之人。而脑子不如叔叔聪明的人，后来却拼命努力，最后成了了不起的人。"

这个叔叔还说过这样的话，有一次，为了将自己的游手好闲正当化，他说起了"傻瓜邻居早起干活"。他说："我脑子好，所以睡懒觉也没问题，邻居脑子不好，所以要早起干活。"就是说，因为头脑不聪明，所以在别人还在睡觉的时候就要早起干活，叔叔对此很是轻蔑。

对于叔叔这样的言论，我觉得"这肯定不对"。实际上，早起干活的人才更了不起，但在叔叔的价值观里，这是因为头脑愚笨。叔叔这样的认知根本就不对，还是孩子的我在心中对叔叔的言论产生了抵触。

这个世界很奇妙，头脑不聪明的人往往会因为觉得"自己不够聪明，所以必须加倍努力"，而更加努力。这样一来，不管聪明的人还是不聪明的人，大多数人的人生都会有大致相同的结果。如果头脑发达，聪明伶俐的人比普通人还加倍努力的话，人生的结果就会差太多，不管不聪明的人如何拼命努力，都很难赶上。

但是，世界很奇妙，没有能力的人往往比较努力，而聪明的家伙往往偷懒耍滑，不愿真正努力，神就是这样平均安排的，这样就能让大家在这个世界上都能活得比较好。所以我觉得从结果而言，人生还是比较公平的。

"思维方式"从 –100 分到 +100 分

接下来，谈一谈三要素中的"思维方式"。在构成人生方程式的三要素中，"能力"和"热情"可以从 0 分到 100 分打分。与此不同的是，"思维方式"这个要素，实际上可以从负 100 分到正 100 分打分。

关于这个"思维方式"，宗教家经常会说，"不能有愤怒、悲伤、嫉妒、怨恨等负面的念头"，并且教导我们，"要感谢，要思考如何才能感受到喜悦，就是说要有正向、光明、正确的思维方式"。

我觉得我们从中应该可以隐约感受到，"思维方式"有从消极到积极、从负面到正面的属性。

假设有一个原本正常的人，从某个时候起，对社会产生了"一点偏见"。这"一点偏见"也许只是 –2

分。虽然只有"一点"，却是负值，因为他以否定、负面的态度看待事物。

所以，大家可以看一看，很多受过良好教育却任性自私的人，虽然头脑聪明，毕业于一流大学，却往往无法取得什么成就。

为什么无法取得成就呢？当我们思考这个问题时就会发现，他们总是不愿脚踏实地，无法单纯地思考事物，所以"思维方式"总是负值。这样的话，套用"人生方程式"进行相乘计算，结果就总是负数。

如果人生方程式是相加的关系，那么有了"能力"，"热情"也很充分，这两者的数值都很高的话，即便"思维方式"是负数，整体结果也会是正数。

但人生方程式是相乘的关系。乘上"思维方式"的负数，结果就全部是负数，"思维方式"就是如此重要。

命运和立命——从《阴骘录》说起

精通《易经》的云游老人

到此为止，我们对决定人生方向性的"思维方式"的重要性进行了说明。但可能还是有人觉得"有点摸不着头脑"。

有些人可能知道，东洋思想家安冈正笃①有一本解释中国古代典籍《阴骘录》的著作。接下来，我想以此为基础进行说明，这样的话大家应该更容易理解。

安冈先生引用中国古人袁了凡所写的《阴骘录》，并撰写了《命运和立命》一书。在这本书里，他阐述了以下思想。

"命运是存在的。但是，命运绝不是宿命。命运是可以改变的，改变命运就是'立命'，所以，命运绝不是宿命。"

袁了凡创作的《阴骘录》，距今将近 500 年，相当于日本历史上丰臣秀吉的时代，这本书并不是中国几千年前的古典。

袁了凡自幼丧父，和母亲两人相依为命，年少时一直和母亲住在一起。某个夏日的傍晚，有一位姓孔的云游老人从他们家门口路过。

老人看到了年少的袁了凡，对他说："你就是了凡吧？其实，我是从南方遥远的宋国特地来看你的。"然后他又说："我把《易经》钻研透了。"

在日本人看来，《易经》主要是用来占卦的。在日本，有"灵是八卦，不灵也是八卦"的说法，但在中国，《易经》却是高深的学问，是一门在天文学和统计学等领域被广泛使用的综合性学问。孔姓老人说自己精通《易经》，在钻研通透时受到了神谕，"这个国家有个名叫袁了凡的少年，去把你研得的《易经》的真髓传授给他吧。"所以老人不远万里，来寻访袁了凡。

老人提出想借宿一晚。于是少年袁了凡走进家门，询问母亲："有个奇怪的老人路过，对我说了《易经》的事，希望能借宿一晚，应该怎么办呢？"母亲回答："那就请他进来吧，好好地招待他。"

于是老人住进了凡的家里，一起吃了晚饭。他一边看着袁了凡，一边说出了预言，"母亲或许想要这个孩子当医生，但他应该会成为朝廷官员。"

预言完全应验的人生

中国古代就有的科举制度，类似于日本现在的国家公务员考试。因为几千年前人们就认为，集天下之英才来治理国家是最好的。于是，在那片辽阔的国土上，就形成了从全国各地招募应试者，通过好几个阶段的国家考试，以录用朝廷官员的考试制度。云游的孔姓老人说，袁了凡将来会参加这个科举考试。而且还说：这孩子会在几岁的哪个月第一次参加预考，这一次会落第。第二年再考，考了第几名，勉强考上。于是接着再考，这次在多少人中以第几名的成绩考中。然后又考第三次，这次是第几名……老者娓娓道来，甚至讲到了袁了凡很久以后的人生。

"此后，你会考中进士，进入国子监。很快就会被任命为四川某县的县令，在任三年半后你会提出辞呈回到故乡。虽然会结一门好亲事，但可惜不会有子嗣，会在 53 岁那年寿终正寝。"

了凡还是个孩子，所以对老人所言觉得很奇怪，但老人说的话却牢牢地留在了他的记忆里。

令人惊奇的是，长大后，了凡的人生完全和老人预言的一模一样。从"第一次县考第几名不中"，到"后来考中的时候是多少人中的第几名"，总而言之，所有的预言都应验了。

经过三次考试，合格之后，了凡成了"廪生"，可以获取俸米。没多久，他又考上了进士，马上就要取得"贡生"的资格。

这时，了凡想起老人曾经说过："你拿到 91 石 5 斗俸米时，就会成为贡生。"

但当时了凡俸米拿到了 70 余石，似乎马上就能成为贡生了。袁了凡暗自思索："自己学习认真，周围的人也都说，这次大家肯定能一起成为贡生。看来这一次老人的预言就不太准了。"

可是，意外发生了，在眼看就要获得贡生头衔的前几天，了凡突然被取消了资格。

因为有一个考官说："袁了凡这个人还没有能力考

进士，不应该让他成为贡生。"遭遇这样的命运，了凡闷闷不乐，他成为贡生的事情就此被搁置了下来。

但是，一年半后，事情突然有了转机。其他考官看到袁了凡的论文，说道，"这样的人才居然被埋没了，如果不让他考进士就太没道理了"。于是，了凡终于成了贡生，获得了考进士的资格。这时，他的俸米正好达到了91石5斗。

了凡大吃一惊："果然还是跟孔姓老人所说的一模一样啊，人果然是有命数的。"后来，了凡获得了贡生的资格，考上了进士，去往南京的国子监。

遇见云谷禅师

来到南京后，袁了凡拜访了当地知名的云谷禅师，并在他那里参禅坐禅。他与禅师对坐一室，三日不眠，禅定之深让云谷禅师惊叹不已。

看到了凡坐禅的样子，云谷禅师大为赞叹："您太了不起了，是在哪里修行的？您的内心非常平和，没有一点烦恼。您到底是怎样修行到这种境界的？"

了凡回答："正如您所言，我没有烦恼。"

于是云谷禅师问道："您为什么没有烦恼呢？人活着总是会有很多烦恼，头脑里总会充满杂念。为什么您却没有烦恼呢？"

了凡回答："是这样的，我在小时候遇到过一个云游的老人，这个老人算定了我的人生。从那时起直到现在，我的人生就完全像他所预言的那样。有好几次我都觉得这次可能算得不准，但结果却都被他言中了。我这次进入国子监也是他当年所预言的。

"所以，我没什么好烦恼的，我的生平命运早已被人算定，也就没有烦恼的必要了。所以我没有烦恼，内心没有一丝杂念。"

听到这样的回答，云谷禅师斥责道："想不到你竟是一个笨蛋！"

"你年龄比我还小就已经能如此心无杂念地坐禅。像我这样的禅宗僧人，必须进行艰苦的修行方能追求解脱。就是说，为了能够开悟，要经受巨大的痛苦。但你坐禅时，却心无杂念。我原以为你很了不起，以为你是已经开悟了的圣贤，想不到你就是一个凡夫，一个大笨蛋。"

　　了凡问道："禅师此话怎讲？"禅师回答："你不要搞错了。虽然确实如你所言，人从出生到死亡都有各自的命运，当年的那个老人说的也没错，但是，命运虽属天赐，但绝不是宿命，绝不是不可改变的。它可以变得更好，只要'心怀善念'就行，这才是最重要的。"

"善"是什么？

　　那么，这个所谓的"善"是什么呢？禅宗所说的善，在佛教中也叫作布施心，捐钱给寺庙，施舍给他人，这些都被称为"布施"。

　　布施是一种施舍，为了让这种施舍具体可见，需要布施某些东西。但实际上，布施不是给东西。布施的原意是布施关爱之心。所谓的"善"，指的就是关爱。

　　那么，什么是关爱呢？就是要思"善"。就是要能够把别人的快乐视作自己的快乐，把别人的悲伤视作自己的悲伤，要有这样的一颗心。也就是说，要具有充满善意、关爱他人的心灵。

　　佛教中用"布施"或"慈悲"这样的词来表达这

个意思。另一方面，中国古代典籍中有"积善之家必有余庆"的说法，说的是只要积善，就会有余庆。也就是说，"会有好事发生哦"。

另外，在中国，还有"积阴德"一说。中国人所说的"德"，实际上就是"善"。做好事，默默地积德，这就是关爱。

在基督教文化圈里，用"爱"这个词来表达这个意思，这也是关爱。"爱"这个词就是己所欲、施予人的意思。

爱也好，布施也好，慈悲也好，这些都是人类的"灵魂"中本来就有的东西。而这个"灵魂"，可以用"充满爱、真诚与和谐的存在"来表达。

换句话说，灵魂就是"真、善、美"这些词所表达的实体。这个"真、善、美"所表达的实体（灵魂）实际上是真实、善良和美好的。

所以，"真、善、美"就是人类自然而然前进的方向。为了求真，出现了科学；为了求美，出现了艺术和表演；为了求善，出现了宗教等各种活动。也就是说，人类在终极层面上，在不断追求与自己灵魂同质的东西。

仅仅顺从命运的安排就可以了吗？

现在回到袁了凡的故事。之前讲到云谷禅师怒斥了凡："想不到你竟是一个笨蛋！"他接着说："仅仅顺从命运的安排就可以了吗？"

确实，从出生时起，灵魂要走的道路，也就是命运，就已经被决定了。那么，为什么命运是天定的呢？

用佛教的语言来说，人的灵魂在不断地"轮回转生"。由于前世或者更前的前世的某些原因或因缘，今生的道路已经被决定了。关于"轮回转生"，在后面会做详细的说明。

佛教把这些原因都称为"业"。有时会说，"那个人的业很深"。所谓业，就是因缘，就是由自己的灵魂在过往的经历中造就的原因。善业和恶业交汇，善缘和恶缘交汇，造就了现世的命运。

云谷禅师对了凡说："确实，因为你的灵魂受到过往因缘的影响，你现世的命运已经被决定了。但是，如果仅仅顺从命运的安排，那么，这仅有一次的人生就变得没有意义了，你仅仅是按照过去的因缘果报在活着而已。

"不过，如果是这样的话，你活在现实世界的意义不就没有了吗？你在这个现世，必须成就新的'因'，必须造新的'业'。"

只要想即可

那么，要怎么样才能造新的"业"呢？就是之前所讲的行善。用基督教的语言来说，就是施爱。

善念来源于关爱之心，不需要特别的条件。只要祈愿自己的朋友、自己的太太或自己的先生能够幸福，只要从内心为他人的事业和人生的顺畅而感到由衷的喜悦就可以了。

但是，现实如何呢？请看看这个世界，早就不是大家都能为他人的成功而感到喜悦的时代和社会了。买本杂志看看吧，越是成功的名人或艺人，就会有越多的负面报道想要搞臭他们，这些报道用肮脏的语言，试图将他们拉下水，从中感受到的，只有嫉妒。

真正的灵魂，应该是祈愿对方、他人更好，将他人的幸福当作自己的幸福的，充满关爱的东西。

但是，有的人却不希望别人成功，明明自己已经很富裕，却老想为难别人。更有甚者，甚至打心眼里希望别人倒霉。这种想法非常龌龊，与真正纯洁的关爱之心截然相反，这样的人恐怕很多吧。

因为人心呈现这种状态，所以世风日下。事实上不仅世风日下，大家的命运本身也都在发生改变。为了扭转这种世风日下的局面，避免大家的命运走向衰败，我祈愿所有人都"心怀善念"。

大家可能会想："仅仅心里想就行了吗？什么都不用做吗？"对于这个问题，我想说："是的，只要想就行了，想要让这个世界更好，想要让自己的朋友更好，想要让自己的朋友成功，只要想就可以了。"

我们需要放下自我，将自己的事情置之度外，但要思考如何让自己的朋友们变得更好。就是说，必须具备这样诚挚的关爱之心。

竞相思考如何行善

云谷禅师对袁了凡说："要造新的'业'，就要思考如何行善，这一点非常重要。""这将能帮助你改变命运，只要这样去想就行了，你的命运就会发生改变。"

听到了这样的开示，了凡深受震动。他马上回家和太太讲述了这段对话。了凡的太太没有很高的学问，但她是一个非常贤惠、高尚、善良的人，对于云谷禅师的教诲，她也虚心接受。

她说："先生，禅师讲得太好了，我们一起按照禅师讲的去做吧。我虽然不是什么才女，但我也是这样想的，想让别人更快乐，想帮助别人成功。既然禅师说念想的程度会决定我们的人生，那么我们就做一张功过格吧。每天如果想了好的事情，就画个圈，如果想了坏的事情就打个叉。让我们每天都比一比，谁的善念多一点。"

就这样，了凡去往国子监后，每天都在功过格上画圈打叉，太太在家里也是每天如此。

每当了凡回家后，太太就会问："先生，你今天有几个圈？我有 10 个，今天我赢了哦。"就这样，两人相互汇报，比较思善的次数。也就是说，两人都在积极地思考，如何让他人变得更好。

命运可以改变

据《阴骘录》记载，从这个时候开始，情况发生了变化。袁了凡老后，对自己的儿子说："你看，你父亲的人生就是这样发生变化的，我现在已经 67 岁了。

"我以前也跟你说过，孩提时代遇到的那个云游老人预言我会在 53 岁那年死去。虽然会结婚，但不会有子嗣。可是，我却有了你这样优秀的儿子，而且我也没有在 53 岁的时候死去，直到现在还活得好好的。

"自从遇见云谷禅师以来，我的人生和那个云游老人所预言的就完全不同了。在那以前，我的人生确实被孔姓老人言中了，因为我前世造的业，所以命运已由天定，我也按照天定的命运活着。但是，自从我受到禅师的训诫，改变了想法起，孩提时代的那个老人的预言就不再应验了。

"所以，孩子，虽然命运是存在的，但却是可以改变的。改变命运的唯一手段就是'思善'啊。"了凡就是这样用自己的经历教育儿子的。

大家理解了吗？命运虽然存在，但它并不是宿命。大家需要在现世造新的因，在现世造业。所谓造业，不是造恶业，而是造善业。这样，就能靠自己的力量改变命运。

佛教里有"思念造业"的说法。所谓的"业"，会成为原因的"因"。所以，坏的想法会造就罪孽，而这个罪孽的原因就是恶业。也就是说，坏的想法最后会发展成罪孽。

因为不明白这个道理，所以大家会觉得"只是想想的话，应该也不会带来什么灾祸"。但是，我们的内心所想会造业，这个业一定会显现出来，而业显现出来的就是命运。

因为思念造业，所以这意味着，想好的事情还是想坏的事情，结果会大不相同。

就像我前面讲的那样，人生的结果由"思维方式 × 热情 × 能力"所决定。我想说的是，要让这个"思维方式"更好，就一定要想好的事情。

"思维方式"是有正负之分的。实际上，如果我们每天都想好的事情，就能大大改进"思维方式"，就会让自己的命运向好的方向转变。

积极乐观的思维方式可以扭转人生

倒霉的过去

我的孩提时代充满了挫折，身体不好，经常生病，还得过肺结核，而且想做的事情一件也没能做成过。

学校的配给物资的抽签就是一个证明。战时物资缺乏，所以在学校里，要想得到衣服也好，其他东西也好，都需要抽签。50人左右的班级，只有十来套配给的服装，我从来没有抽中过。在抽签前我就知道，一定抽不中，我与这些好事一向无缘，反而是坏事，经常会让我遇上。

我虽然是从鹿儿岛市立高中——鹿儿岛玉龙高中毕业的，但在那之前，上的是位于天保山的鹿儿岛商业高中。我初中上的是旧制私立鹿儿岛中学，但这所学校由于学制改革，上了三年就被撤销了。所以此后我就升入了鹿儿岛商业高中，学了两年，最后三年级的那一年，是在鹿儿岛玉龙高中度过的。

高中毕业后，我一度想在鹿儿岛银行就职。但班主任劝说我无论如何也要上大学，所以我转念想去上大学，因此要复习备考。

就在我要专心学习的时候，学校竟要求我们参加新校舍建设的土木作业，用土筐运土。我到现场一看，整个高三年级就来了我和另外3个人。仔细想一想，这也是理所当然的事情，高三年级正是高考前夕，没人会蠢到来干这个的。所以，第三天我也就没去。

但是，第三天偏偏就点名了。这一天大部分学生都去了，只有我这样不得要领的人，偏偏在点名的那一天缺席了，学校老师大为光火。

老师说："稻盛学习虽然不错，但这样厚颜无耻，太不像话了。大家都在义务劳动，他却不参加，真是个自我中心的家伙。"我听到这样的话，也是敢怒不敢言。

改变思维方式就能改变命运

此后，我的命运还是没有改变，从鹿儿岛大学毕业到找到工作的那段时间，我始终认为自己是一个"糟糕的倒霉蛋"。找工作的时候，面试了很多家企业，但没有一家录用我。

没有办法，只能来到京都，就职于一家名为松风工业的公司。但去了才知道，这是一家非常糟糕的公司。不仅业绩很差，还连年亏损；不仅发不了奖金，就连工资都无法按时发放。到了发工资的那一天，公司会说："麻烦再等几天。"

虽说已经进入了这家公司，被分配到了研究岗位，但心里还是很不甘心，想着"这种糟糕的公司，还是赶紧辞职吧"。但即使辞职也无处可去，因为这家公司也是好不容易才进来的。所以当时的我已经进退维谷，只是嘴上还在逞强。

即便如此，我还是下定决心要辞职，并打算加入自卫队。我们那个时代，毕业的时候并不一定能找到工作，所以有几个同学根本就没找工作，直接进入了自卫队的干部候补生学校。

我在京都那家企业工作了大约一年，还是觉得"当自卫队军官更好一点"，于是和另外一个出生在熊本县天草、毕业于京都大学化学系的同事一起，跑到兵库县伊丹的自卫队驻屯地参加考试。结果还真考上了，于是打算前去报到，就让家里把我的户口副本寄过来，但我终也没收到。那位同事很快就拿到了从故乡天草寄来的户口副本，加入了自卫队。而我却没去成。最后，就我一个人孤零零地留在了公司。到了这般田地，我只有重新振作精神，认真地投入公司的研发工作中了。

"真要投入研发工作的话，那就干脆转变心态，放下抱怨牢骚，积极乐观地干吧。"从那个时候起，我整个人都一下子变了。

当时的工资只有 9000 日元，其中 2000 日元寄给母亲，我从剩下的工资中拿出 2000 日元作为交际费，招待自己的部下。

虽然我自己也刚大学毕业两年左右，但偶尔还是带着实验室的徒弟和部下出去吃饭喝酒。说是吃饭喝酒，但也就是吃些素乌冬面，喝点烧酒而已，不过这些也要花费 2000 日元左右。我自己做饭，省吃俭用，靠着最后剩下的约 5000 日元度日。

自从决心积极面对人生以来，在从事艰苦研究的过程中，我开始逐渐意识到：所谓人生，可能是由这样的一个方程式（"思维方式 × 热情 × 能力"）决定的。从那个时候起，我的命运开始出现 180 度大转弯。

因为我意识到，人生重要的是要让方程式中的"思维方式"始终保持美好、积极、正向、健全、健康的好状态。

让人惊奇的是，一旦这么去做了，命运这个东西就开始发生变化。就像安冈正笃先生所讲的，这就是"立命"。也就是说，人一旦立了命，人生就会向好的方向转变。

以感谢的心态面对灾难

如何面对灾难

我另外想讲一件关于前面我讲过的"思念即因"的事情。

不相信轮回转生，不相信前世和来世的人，没必要强求，这样的人过好现世就可以了。对于那些"我只相信现在活着的这个现实世界"的人来说，也没有问题。但我希望大家知道一点，那就是在这个现世，我们的所思所行，是会造业的。

就像我前面讲过的那样，我们的行为当然会造业。造业的最根本原因是我们的想法和念头。这样的业将决定我们的命运。我们所造的业，一定会以某种形式呈现出来，这就是命运。也就是说，这样的业造就了我们的命运。

人总是会在人生的某些时候遇到一些挫折，但这和活在现世当下的我们并没有什么关系，而是由我们在自己不知道的过去的某一世，在世界上造的因缘，或者业所造成的。所以，在我们的人生中会遇到某些无法预知的挫折，这些挫折一般被称为"灾难"。

这些灾难往往避无可避。如果想要避免，就只有现世活着的时候努力心怀善念。但即便如此，无论我们怎么努力，由于过去的某些业障太深，有些灾难还是会无可避免地出现。

但实际上，就是在遇到这种灾难的时候，人才能彰显出真正的价值。

每当遭遇灾难，大家都会痛苦纠结，坐立难安。如果我们每天看报就会知道，人生中会出现各种各样的现象。其中当然有很多是这个当事人的责任，因为他犯了某些罪过。但实际上，还有一些灾难和这个人本身并没有关系，有时候即便没有作恶也会遇到灾难。这个时候，如何面对灾难，就是一个很重要的问题了。在遭遇灾难的时候，如果立身处世的方法不对，会导致事态的进一步恶化。

遭灾就是消业

大体上，遇到挫折时，这个挫折往往还会进一步带来其他挫折。要怎样做才能防止这种情况的发生呢？我有一个"不传之秘"，在这里透露给大家。

这个方法不仅对大灾大难有用，对小的灾祸也有用，甚至对称不上灾难的挫折也有用。哪怕是生病这样的小事也管用。这个方法就是当我们遭遇灾难的时候，要感到高兴。虽说要发自内心地感到高兴可能有难度，但至少要努力让自己高兴起来。

高兴是需要理由的，为什么要高兴呢？因为灾难可以消业。大家能理解吗？在过去积的业消失的时候，灾难就会发生。这个发生，意味着"结束"。过去造的业消失了，不会再呈现出来。如果不发生灾难，业是不会抵消掉的。

例如，生了一场大病，必须为此感到高兴："还好，还只是这种程度的病，只要动手术就可以活下来，太幸运了。"

就是说，出现这样的现象，意味着过去的业被抵消掉了。所以，只要没有因此死去，就应该想："还算不错。"就是说，要以积极的，而非消极的思维方式去面对。

所以，当遭遇灾难的时候，要向好的方向去解释，这个方法非常重要。"啊，还好，很幸运，只是这种程度的灾难就结束了。"只要这样去想，就能心生感谢。这样的话，事情到这里就了断了，挺过了这场灾难，往后就顺畅了。

大家能理解吗？

虽然命运是存在的，但命运不是宿命。我们必须在现世创造新的因。也就是说要在现世造业，不是造恶业，而是造善业。这一点非常重要。

第二章

每个人都能真挚地度过幸福美好人生

宇宙的真实是唯一的，现世就是这一真实的投影

"一帆风顺的人生"和"充满挫折的人生"

在本章中，我想要探讨的是："我是谁？"也就是"自己到底是什么人？"以及"人生到底是什么？"这样的根本性问题。

为什么我对这样的问题如此在意呢？

在这个世界上，有的人很幸运，人生非常顺畅；有的人则正相反，人生很坎坷；还有的人非常平凡。总而言之，有各种各样的人。但是，"一帆风顺的人生"和"充满挫折的人生"的差别究竟在哪里呢？两者之间为什么会有如此大的差别呢？这是一个让人不可思议的问题，我想在这里解答这个谜题。

关于这个问题，有很多成功人士给出过很多答案。但几乎没有一个答案能让我觉得"就是这个"而

由衷信服的。对于这个人生的谜题，或者说是人生的不可思议之处，只要能知道其中的真理，那么无论是谁，都应该可以度过美好人生。所以我想努力解答这个问题。

今天早上，我从京都的家中出发来到这里。平时我都是走名神高速公路到大阪机场，在那里搭乘飞机。但这次天王山隧道发生了事故，导致名神高速公路大堵车，所以根本就来不及，于是我当即更改行程，决定改坐新干线，从京都站赶到新大阪站，再从那里坐出租车赶往大阪机场。

今天要坐的是9点40分从大阪机场起飞的航班，坐新干线到达新大阪站时正好是9点整，只剩下40分钟了。

坐上出租车，我对司机师傅说："我要在40分钟内赶上飞机，麻烦您走最快的那条路。"驾驶员说："40分钟的话，有点危险啊。如果不堵车，30分钟就能到；但只要稍微有点堵，马上就会超过40分钟。"我说："还是努力试一下吧。"这位司机师傅爽快地回答："那就做好赶不上的准备，努力试一下吧。"

途中，我对司机师傅说："目前很顺利啊。"可他回答："这段路一直是很顺利的，问题是接下来的那段路，有一个经常堵车的十字路口，很难走。光是右转，有时候就要等上四五个红灯。"

很快我们就到达了这个要等上四五个红灯才能右转的十字路口。结果发现只有一辆车在等红灯，于是我们只等了一个红灯就开过去了。接下来的路也很顺，最后居然9点20分就赶到了机场。就是说，从新大阪站到机场只花了20分钟。

人生也是如此，有的人人生非常顺利；有的人，人生却像赶路一样，明明事先做好了充分的准备，预留了足够的时间，途中却遇上了堵车、红灯，无法顺利地到达目的地。我们的人生常常就是这个样子。

我一直在想："这个差别到底来源于哪里呢？""本来每个人都可以顺利到达终点的，应该有方法可以帮助大家实现这一点。"接下来，我用简单易懂的方法给大家讲解这个问题。

什么是"大悟"

佛教禅宗的僧人要进行非常艰苦的修行。京瓷有自己的公司墓地，位于京都一家名为圆福寺[②]的寺院中。这座寺院属于妙心寺派，是云水和尚的道场。那里有一位名为西片担雪[③]的法师，他是妙心寺派的继承人，是这个门派的最高位者。他一生未曾婚娶，绝不杀生，而且始终食素。

西片法师过去曾进行过艰苦的修行。长期以来，他用膳时只有一菜一汤、两块酱菜和米饭，而且汤非常清淡。他一日不落地打扫寺院，盘腿打坐，希望通过这样的修行以达到开悟的境地。

这个妙心寺派有一个叫作白隐[④]禅师的中兴之祖。他也是一生未曾婚娶，专注于修行。据他所说，一生中的大悟也就十几次。

所谓大悟，指的是在坐禅时突然感悟到事物的真理。这是一种极其了不起的开悟，真正能感悟到宇宙万物的真实。

此外，还有小悟。所谓小悟，就是感到非常幸福，内心充满喜乐的状态。白隐禅师说，他虽然经历过很多次的小悟，但感受到"真正领悟了"的大悟，在一生中却只有十几次。

　　白隐禅师所说的开悟，指的是理解宇宙的真理。那么，什么是宇宙的真理呢？他说，那就是"唯一的事实，由真实所编织的光影"。理解这一点，就是开悟。

　　禅宗里还有"真实即空"的说法。就是说，我们此时此刻这样的存在，也是这个宇宙的唯一真实所投射出来的影子。就是说，能够理解这一点，就能超越幸福或不幸等一切，从而获得解脱，清晰地洞悉这个世界。

探究人的本质

真正理解"灵魂"

那么，要进入这样的开悟状态需要做什么呢？我们每天都忙于工作，不可能像白隐禅师那样每天从早到晚修行冥想而达到开悟的境界。

于是我想到，"应该有用理性达至开悟的方法"。说到开悟，往往会让人有种高深莫测的感觉，所以我将用"探求真我"来表达它。

那么，要"探求真我"，需要做什么呢？

如果有人问你："你是谁？"你会怎么回答呢？如果有人问我："有着你外形的那个存在就是你吗？"我应该会这样回答："虽然外形和身体都是我，但这些并不是我的全部，我有自己的心灵，这个心灵可能才是真正的我。

"不能只从唯物的角度说，只有肉体的那部分才是我，和肉体同时存在的还有心灵这个东西。我们的心灵思考着各种各样的事情，这个心灵也是我。就是说，肉体是我，心灵也是我。"

如果继续问我："那么，肉体消失，也就是死了的话，你就不再是你了吗？"我会回答："好像不是这样，因为似乎还有灵魂这类东西存在。"

即使人死去了，肉体消失了，但灵魂是不灭的。因为这一点无法被证明，所以只能请大家先相信了。同时，另一个世界也是存在的，就是说，需要大家首先相信："不仅有现世，还有灵界的存在。"这是通向开悟的入门——最初的那扇门。很抱歉，我希望大家无论如何都要努力去相信另一个世界的存在。

去往另一个世界的，就是我们的"灵魂"。心灵中感性和知性等部分都会随着肉体的消失而同时消失。另一方面，我们活在现世时的所思所想，都会渗透进我们的"灵魂"。

我们活在现世时的一切行为，用我们的知性解答的数学题、我们的各种发明发现，以及我们所做的坏事，都会渗透进我们的"灵魂"。

善行、利他行能让命运好转

像核桃壳一样坚硬的"因缘"

我们继续讲一讲那个世界和这个世界的关系。

这只是佛教中的说法，"灵魂"会在那个世界和现世间不断轮回转世。也就是说，我们的"灵魂"曾经很多次诞生在这个世界上。虽然基督教中并没有这样的说法，但最近，从事基督教文化活动的人们也开始普遍接受轮回转生的说法了。

我们就用这个轮回转世的思维方式来思考一下，如果前世"是一个充满贪欲，只顾自己，完全按照自己的本能生活，作恶多端，且给周围的人带来了巨大不幸的人"，这个罪孽就成为因缘，就会造业。

在去往那个世界时，这样的业会覆盖这个恶人的"灵魂"。不久以后再次轮生到这个世界时，这个灵魂就变成了你的"灵魂"。

换言之，你过去的"灵魂"被前世因缘所造的业覆盖，变成了你现在的"灵魂"。随着不断轮回转世，在这个期间所造的罪孽和恶业会不断积累。如果所有人的"灵魂"都只是由"真我"所构成，那么每个人都可以度过同样幸福美好的人生。但是，真我的外侧存在着自我，由于每个人所积累的因缘不同，会影响到这个自我，所以每个人的人生也就各不相同。

说到这里，可能有人会心生怨恨，"为什么我偏偏有这样的因缘，让我在现世遭遇如此不幸"。但请大家放心，这样的业是可以消除的。

请思考一下，你自己的人生到底是什么？在真我的外侧包裹着自我，上面覆盖着像胡桃壳一样坚硬的因缘。必须将其敲碎去除才行。为此我们要做些什么呢？只要努力为社会、为世人尽力就可以了。

首先要拥有关爱和体谅之心

对于任何一个人来说，人生的目的都是确定的。这个目的就是为社会、为他人尽力，人是为了这个目的而出生的。除此以外，没有其他任何目的。没有一个人是为了给社会、给他人添麻烦而出生的。

那么，为什么说人是为了"为社会、为世人尽力"才来到这个世界的呢？这是因为，只有积善行，才能消除前世积累的罪孽、不净和恶业。

这个善行就是为社会、为世人尽力的"利他行"，不需要花费什么金钱，而是首先要拥有关爱和体谅之心，从这里开始就行。没有必要做故意花钱施善于他人之类的事情。只要抱有一颗真正为他人好的和谐美好之心就可以了。

"利他"这个词，换个说法就是爱，就是关怀和体谅，为他人好。这样的心态次数越多越好，次数越多就越能消除"前世积累的恶业"。

因为有了"前世积累的恶业"，这种因缘导致的结果会使我们的人生遭遇挫折。对此，我们要在现世努力为社会、为世人尽力，努力践行利他，努力思考利他。只要努力这么去做，坏的因缘就会不断被消除，我们的命运就会因此而不断好转。

人的真我，存在于心灵的最深处，必须将其解放出来。只要能解放内心的真我，我们的人生就会发生巨大转变，就会进入幸福美好的状态。因此，我们必须践行利他。

这个利他行的第一步，就是让自己的家人获得幸福，就是守护自己的家人。

因为家人不是我们自己，所以真正对他们好就是利他。大家哪怕对他人不管不顾，但对自己的家人却总是很爱护的，这就是利他的第一步。

接下来，如果你是中小企业的经营者，那就要努力照顾好员工，这也是利他。企业变得更大时，就要关照股东。不仅是股东，还要关爱客户。企业更加发展壮大时，就要关注区域社会，还要关心国家，甚至要关爱地球。利他这个事情，是需要层层不断扩大的。

如此这般地实践利他行为，可以帮助我们消除不好的因缘，这就是修行。所以，现世对我们来说，就是通过行善不断进行自我净化、自我纯化的时期。

从这个意义上说，一方面，人生就是纯化心灵的旅程，而另一方面，现世还可以说是净化心灵的道路。只要我们不断实践利他，我们的命运就一定会向好的方向转变。

用"六项精进"度过美好人生

"付出不亚于任何人的努力"与"谦虚戒骄"

那么，是不是只要行善，就能消除所有不好的因缘呢？很遗憾，实际上并非如此。

佛教中有被称为"六度"的修行方法，也就是所谓的六波罗蜜，其中有"精进"一项，所谓"精进"就是努力的意思。我由衷祈愿，大家都可以通过从六个方面践行这个"精进"，让自己的命运转向更好的方向。

第一条就是"付出不亚于任何人的努力"这项精进。禅宗的僧人身穿杂住衣、五条衣进行修行。修行也不仅仅是坐禅。因为僧侣都是男性，所以他们必须自己做饭。在香积厨做饭是修行，打扫庭院也是修行，在农田中种菜、种稻也都是修行，打扫、清洁寺院内部亦是修行。

佛家认为，修行不仅仅是指坐禅，而是要通过所有的行为进行修行，这被称为"精进"。僧人必须通过"付出不亚于任何人的努力"来进行修行。

这个"付出不亚于任何人的努力"，用于我们的企业经营，就是"朝着设定的目的、目标，拼命努力"。这正是首要的"精进"，跟佛教僧人的修行完全一致。

第二条是"谦虚戒骄"。稻盛和夫这个人作为经营者很成功，但这种成功，是不是有非稻盛和夫不可的必然性呢？实际上并非如此，而是甲也行、乙也行、丙也行，上天不过是很偶然地把才能赐予了稻盛和夫这个人。

那么，上天为什么要把这样的才能赐予我呢？这是因为，要想让公司发展壮大，就需要有人具备这样的才能。但是，我还要重复一下，不是非稻盛和夫不可，而是任何人都可以，我只是非常偶然地被赐予了这样的才能。

我们必须用"谦虚戒骄"这样的思维方式去思考事物。因为世间需要有这种才能的人，上苍才偶然赐予我这种才能。所以，仅仅因为自己经营着大企业，就渐渐傲慢起来，变得不可一世，认为"我有才能，脑子聪明，所以才建立了这样的企业"，这是绝对不行的。

虽然上苍赐予了你这样的才能，但这种才能必须用于他人和社会。如果只想着"我应该多拿一点工资"，那就太不像话了。

不管自己有多么了不起，比如说在公司工作了很长时间，业绩也不错，所以升任了部长，但如果因此傲慢，是绝对不行的。越是职位上升，就越要谦虚。

这是因为，这个世界上必须有一部分人头脑聪明，你只是非常偶然地成为其中的一个。你现在肆意使唤的部下如果有这种才能，那么你成为他的下属也是毫不奇怪的。也就是说，对于上苍来说，只要有一个身处高位者就行了，至于具体是谁，完全是看运气的。

因为自己有才能，所以觉得自己了不起，这种傲慢不逊的想法是不能有的。这就是"谦虚戒骄"这句话所要传达的信息。

在中国的古代典籍中，就有类似的教诲，凡是将来成就大业的人，身上都闪耀着某种谦虚的美德。也就是说，那些成功者都是具备谦虚、谦逊的美德之人，而不是厚颜无耻之人。在中国古代典籍中，将谦虚的人视为具备了极其崇高品德的人。

而且，凡是能持续成长的人，都是从年轻时起就很谦虚的人，而不是那种喜欢引人注目的人。

我还要为大家介绍一句名言："唯谦受福。"人只有变得谦虚才能得到幸福，中国古代典籍中有这样的教诲："不谦虚的人没有资格获得幸福，因为不谦虚，所以才抓不住幸福。"

大家都知道要"付出不亚于任何人的努力"，但第二条"谦虚戒骄"也很重要。为了获得幸福，无论如何都要谦虚。将来能够成就一番事业的人，一定都是谦虚的人。

天天反省和感谢

"六项精进"的第三条是"天天反省"。这一条讲的是，要反省并努力消除自己的利己心。就是说，反省那个自私、只要自己好就行的利己的自己，然后努力消除这种利己心。这一点非常必要。

对于普通人而言，会产生想要各种东西的欲望，想获得金钱，想买好看的衣服。这种想要的欲望不断从内心涌现出来，非常强烈。

相反，真正开悟的人，能消除这种欲望。但我们这些凡人，都是有肉身的普通人，这样的欲望会不断涌现，所以必须加以反省和抑制。

但不管我们如何抑制，这种欲望还是会一次又一次地涌现。如果我们不去有意识地加以抑制，那就会一发不可收拾。所以为了抑制这种强烈的欲望，我们必须每天反省。

我真的在每天早上都做这样的反省。在洗手间洗脸时，会自言自语"神啊，对不起"之类的；遇到喜事的时候说"谢谢"，向神表示感谢。我真的是每天努力从内心进行反省。这如果让太太和家里其他人看到，我会觉得很不好意思，所以只在卫生间洗脸时才会这样说"对不起"。

"六项精进"的第四条"活着就要感谢"也非常重要。我们每天都要感谢，拥有一颗能够随时感受到幸福的心灵非常重要。

那么，什么才是一颗能够随时感受幸福的心灵呢？那就是"知足"之心。我们经常会牢骚满腹，怨天尤人。比如说，日本这个国家明明已经很富裕了，但最近的报纸杂志上常常报道，"日本明明变得富足了，日本人却感受不到幸福，岂有此理。钱都被大企业赚去了，我们平民百姓感受不到幸福。"这种说法简直毫无道理。

往往正是说这种话、写这种文章的人，不管他们拿多高的工资，不管有多么成功，都无法从内心感到幸福。

能够感受到幸福的人，都是"知足"的人。这样的人经常会觉得这个太多了，那个太值得感谢了。拥有这种感受力的人，稍有一点值得高兴的事情，就能油然而生感谢之情并感受到幸福。

"公司已经发展壮大，迄今为止都比较顺利，不能再继续追逐欲望了"，拥有这样的心态，就能知足，实际上这就是能够感受到幸福的心灵。

这个"已经足够了"，并不是要放弃努力的意思。仍然要拼命努力，但不是那种因为感到不服气和牢骚抱怨而做出的努力。

一边想着："一直以来我真的已经非常幸福了，感谢让我能过上这样的生活。"一边更出色地完成工作，仍然不懈地努力。这样的心态非常重要。如果想着"眼前的这点还远远不够，还要赚更多的钱"之类的，就会堕入"饿鬼道"。

我想再重复一次，要知足常乐，并且在此基础上继续努力，这真的非常重要。

不要烦恼和担忧

六项精进的第五条是"积善行、思利他"。在本章之前的部分，一直在讲述关于"善行"的内容，所以在这里就不再赘述。

最后是第六条："不要有感性的烦恼"。这就是说，不要有那些伴随着感性的担忧。

虽然要这么去想，但世事无常，很多事情都会出乎我们的意料。比如说，自己生病了、家人卧床不起了、做生意拿不到订单了、因不景气而导致订单和利润减少了，诸如此类。

我们要知道的是，这样的事情天天都在发生，而且是频繁发生，所以对此无须烦恼或担忧。

或许有人会说："以这样悠闲的态度经营企业，企业会垮掉的。"但是，担心已经发生的事情是毫无意义的。即使担心拿不到订单，也无法改变现实。所以，对于已经失败的事情，我们就要完全忘记它，这一点很重要。

不如意的事情要全部忘掉，只把心思留在以后的事情上。有人总是因为拿不到订单而忧愁烦恼，"这样下去的话，要倒闭了，就发不出工资了"，我告诉大家，决不能这样。

正是因为我们有这种担心，公司才会越来越不行。

我们要这样去想："既然已经到这种地步了，干脆别担心了。与其担心倒闭，还不如更加努力工作。"所以我说，"不要烦恼，不要担忧"。这样去想，人就能保持轻松的状态，心灵就能保持自由。

确切地说，践行这六条，就是用理性的方法去探求真我，这也是开悟的方法。这不是苦行，不是修行，也不是每天坐禅，而是全部可以通过讲道理搞明白。

但如果只是随随便便做个一两次，那是不行的，必须每天坚持。只要坚持下去，命运就会发生巨大的转变。只要坚持践行这六条，几乎所有事情都会朝着顺利的方向发展，命运一定会好转。即便现在面对种种难题，也全都会消失，这一点真实不虚。

但是，其中最重要的是践行第一条："付出不亚于任何人的努力"。光考虑后面几条，悠闲懒散，什么也不干，那就什么事情也做不成。

宇宙中，存在着推动森罗万象，也就是一切事物朝着幸福的方向发展的法则，或者说是意志。我们内心的"真我"与这个宇宙的意志完全一致，也就是说，只要能解放这个"真我"，所有事情就绝对都能顺利进展。

要解放这个"真我"，就需要破除由因缘、业构成的外壳，这就需要每天践行这六条。只要坚持去做，壳就会被打破，"真我"就能呈现出来。这个"真我"可以说就是宇宙的法则本身。

也就是说，"宇宙这个存在，能帮助所有人走向幸福，每个人都能借助到这种力量"。

"我是谁？"这个"我"，就是只要打破这样的外壳，就能走向幸福的存在。每个人都可以拥有美好的命运，都能度过幸福的人生。当我们努力不足时，就无法获得幸福。所以，请大家一定要意识到"六项精进"的重要性并付诸行动，从而获得幸福。

六项精进

1. 付出不亚于任何人的努力；

2. 谦虚戒骄；

3. 天天反省；

4. 活着就要感谢；

5. 积善行、思利他；

6. 不要有感性的烦恼。

第三章

人生的真相、活法的真理

肯定"命运"的存在

个人的命运被更大的命运所左右

现在，全世界的经济都不景气。当我询问周围的经营者："你的公司怎么样啊？"有的人会说，"我们一般般吧"。也有的人会说，"唉！经营非常困难"。

还有人会说，"虽然经济不景气，但由于这个夏天的酷暑，我们冷饮行业非常繁荣，而且我们还生产饮料，所以公司达成了前所未有的高业绩"。大家的回答千差万别。面对同样的不景气，每家企业的情况却完全不同。

我们的人生也同样是千差万别。我想重复一下，每个人从出生起就有了自己的命运。也就是说，各自确定的命运，决定了我们每个人会度过怎样的人生。

不仅每个人都有自己的命运，而且这个世界也有自己的命运，甚至这个辽阔的地球也有自己的命运。当然，日本这个国家也有自己的命运，不仅日本这个国家，这个国家类似名古屋的各个地区，也都有自己的命运。

个人的命运，处在这种更大的命运的波浪之上，随之起伏。

所以，就日本这个整体而言，虽然大家都在说，"现在政界日子不好过，财界日子也不好过"，但实际上大家的情况是各不相同的。既有经营陷入困境的企业，也有"虽然其他企业很艰难，但我们公司现在发展得非常好"的企业。

即便是不景气，情况也各不相同。面临同样的情况，每个人的遭遇是不是都一样呢？事实并非如此，大家的体验都各不相同。

因为在那些更大的命运的波澜之上，个人命运的小船随波起伏，所以个人自身的命运当然也是起起伏伏的。

当更大的命运潮流向上之时，我们的运势也可能会随之快速上升。反之，当其下落时，个人的运势同样也可能会随之迅速下落，这就是命运。

肯定命运的存在会让人生更加顺畅

我们接受的现代教育往往让我们认为："命运这种东西是不可能存在的，所谓命运，不过仅仅是偶然而已。"

比如，某个人生病了，或是遭遇了交通事故，抑或是公司破产、经营陷入困境等，这个世界上会发生各种各样的事情。很多人都认为："所有的这些都是偶然的产物，是很多个偶然相互交织的产物，人生就是由这些偶然构成的。"

我们经常会认为："所谓命运原来就有的说法是荒谬可笑的，讲这些稀奇古怪的事情，人心就会迷惑动摇。"

就像这样，在现代的科学观念里，对于这种无法证明的事情人们无法相信，认为这就是迷信，将其付之一笑。但事实上，如何看待命运，是人类有史以来的一个重大问题。

"为什么我会在这里有这样的人生？为什么又会变成那样？"这是我们人类不可思议的谜题。因此，人类有史以来就不断在苦苦思考研究："如果说有命运的话，我的未来会怎样呢？"

为此，在中国盛行起了用卜签占卜的易学，这是一门持续了几千年的学问。在欧洲也兴起了星相学、占星术等。实际上那也是一门了不起的学问。

如果命运是存在的，那么人人都会希望预知命运。因为大家想要预知命运，所以易学这种占卜方法就得以发展，欧洲的占星术这种星相学也是如此。一直以来，大家都拼命学习这种学问。

从这些事例来说，虽然命运的存在还未被现代科学所证明，但我认为，命运毫无疑问是存在的。我不仅是这么想的，而且还认为完全应该这么想，否定命运的存在没有任何益处。

确实，命运还未被科学所证明。虽然不是科学，但我认为：肯定命运的存在，能帮助我们充分地理解人生，也能帮助我们懂得正确度过人生的方法，这一点毫无疑问。我毕业于鹿儿岛大学工学部，特别喜欢物理、化学，也喜欢数学，就性格而言，对于不合逻辑的事情我是不认可的。我的技术都是基于科学的理论开发而来的，我认为自己正是一个最相信合理性、科学性的人。

　　就连我这样的一个人，如果要让我来解释人生，我想说："否定命运的存在没有任何益处，不仅没有益处，反而是有害的。"尽管这个说法无法被科学证明。

　　我非常强烈地认为，我们必须肯定命运的存在。

构成人生的"命运"和"因果报应的法则"

善因生善果，恶因生恶果

命运的存在就像经线一样，贯穿我们的人生。那么，人生的纬线又是什么呢？让我们把人生想象成一块类似桌布的织物。织物由纵向的经线和横向的纬线编织而成，而构成人生纬线的，其实就是"因果报应"。

做好事就会有好的结果，做坏事就会有坏的结果，这就是因果报应，一般用"善因生善果，恶因生恶果"来表达。这个因果报应中的"因"，就是原因。在我们的人生中，构成纬线的，就是这个因果报应的法则。

这个"因"，由我们活着时候的所思所想所构成。我将我们这种所思所想称为"思念"。这个思念就会造业。

我们往往会认为："不就是随便想了一想吗？"但事情不是这么简单的。我们的所思所想往往就会成为原因。像怨恨和痛苦这样的事情，只要想一想，这种想法就全部会成为原因。

有了原因就一定会有结果。正如俗话所说，"有因必有果"。就是说，只要有原因，这个原因就一定不会保持原因的状态，而是会产生相应的结果。

我想再重复一次，思念造业，这个业就是业力。业力造就原因，而一旦有了原因，就一定会有结果。

我们应该如何理解这个法则呢？请大家一定要认识到：思善行善，就会有好的结果。相反，如果思恶行恶，就会有坏的结果。

长远来看，因果必报

但实际上，有的时候，相应的结果并不立刻呈现出来。所以，我们往往不太相信这个因果报应法则。

我们有时候会想："为什么那个人做了那么多的善事，却依然那么痛苦？为什么那个人人品那么好，也做了善事，身体却那么不健康？真可怜。"

我们也会问："为什么那个人挖空心思做了那么多坏事，看上去却过得不错，还住着豪华的房子？"这样的事例，经常会看到。

因此，不管和尚们怎么念叨"因果报应法则很灵验"，我们这些凡人往往会觉得，"没法相信，事实好像并不是这样"。

我们要知道，因果报应本来就不会马上出结果，因果的呈现需要时间。虽然我也不知道为什么会这样，但它就是这样的。

如果从 20 年、30 年这样的长时段看待人生的话，因果是一定会报的。所以，可能看 2 年、3 年，因果不一定能呈现出来，但如果以我们的一生来看，思善行善就一定会有善果，思恶行恶，就一定会有恶果。这一点是非常清楚的。

所以，以自我懂事以来的 30 年左右的长时段来看，作恶得好报的事情毕竟还是没有的，而且，好人也不会一直遭遇不幸。以 30 年左右的时长来看，这样的好人最后总是一定能获得幸福的。所以我认为，以 30 年的时长来看，因果大体上还是符合情理的。

但是，在其中也有因果对不上的案例，我也曾经因为想不通而烦恼。

有一位英国伦敦的小镇医生，经常举办降灵会，也就是灵魂降临的会。据说他是灵媒，是一位能唤来灵魂的医生。他经常会在周末召集上十几位朋友，在自己家里举办降灵会。

每次举办降灵会时，一个叫作西帕奇的美国印第安人的灵魂都会出现，并讲述一些人生道理。这些内容后来被编入一本书，叫《西帕奇灵训》。

我对此大感兴趣。伦敦是英国的首都，而英国是一个文明程度很高的国家。在那里，身为知识分子的小镇医生，每次都让自己成为灵媒，呼唤灵魂的降临。我非常好奇，在这样的降灵会上，那个一直出现的灵魂到底说了什么。于是我购买了三本灵言集，开始阅读。

这三本灵言集中有一行内容非常有意思。那是这个名为西帕奇的美国印第安人对在场的人所说的话，虽然只有一行，却讲出了因果报应的道理。

西帕奇说："当我们看透这个芸芸众生所生活的世界，就会发现这个法则几乎分毫不差，作恶之人必遭恶报，行善之人必得善果。几乎分毫不差，这个法则就是这么灵验。"

虽然只有这一行，但当读到这个内容时，我大为惊叹。一直以来我都抱有疑惑，如果创造宇宙的造物主这个神确实存在的话，为什么神一边按照因果法则引导我们，一边又不让因果法则完全应验呢？

读了这本《西帕奇灵训》，我意识到西帕奇在告诉我们，不是我想的那样。从他所在的那个世界来看，因果报应的法则几乎是分毫不差的。

命运与因果报应法则的关系

我还要讲一点，虽然说思善行善会带来好的结果，但另一方面，前面也说过，我们的人生中还有命运这个因素在起作用。

那么，这两者的力量关系是怎样的呢？实际上，因果报应这一法则的力量稍稍大过命运的力量。所以，虽说命运原来就已经确定，但命运是可以改变的。

前面也讲过，我们的人生并不会和我们出生时所定的命运完全一致。这是因为有这个因果报应法则的存在，它的力量可以改变命运。

所以有时候，明明命运来到了非常糟糕的时候，但由于思善行善做得非常好，因而能够逢凶化吉。

也有的时候，明明命运非常好，但由于思恶行恶，原先明明顺其自然就能非常幸运、人生进入上升通道的人生，结果却因为自己之前所思的恶、所行的恶导致无法实现。

但是，即使行善，也不是像 1+1=2 那样立刻就能得到结果。遇到原先命运中非常低落的时期，因为做了好事，这个低落程度会减少，或者结果在某种程度上得到好转，往往会呈现这样的形式。

但即便是这样，也有人会有错觉，"明明干了好事，命运却一点也没有好转"。实际上，就像前面所讲的那样，我们还有各自原先的命运在起作用，由于因果报应法则和命运重叠了，所以有的人虽然做了好事，却无法清晰地认识到其结果。

思善行善改变命运

关于这一点，我曾经经历过这样一件事。

尽管我一直在对大家断言命运是存在的，但其实我自己却从来没有让人为我算过命。因为我不太喜欢求签算卦这一类的事情，所以我尽管如此肯定命运的存在，却不喜欢算命。

我认为命运是存在的，但正因如此，我"不想被人告知自己的命运，命运这个事情还是不知道为好。"我认为，只要全力以赴地活好自己的人生就足够了。

我觉得："知道了不该知道的事情，会让自己思考事物的出发点变得不自然，反而会打乱自己的人生。"我希望自己在不知道命运的情况下，尽自己的全力过好每一天。

我年轻时，有一个很相信算命的朋友。比如说，中国有风水之说，会根据风水选择住所，这里能住那里不能住之类的。这个人经常去往一个据说算命非常准的灵能者那里，向其询问自己的健康、事业等事情。

而且，这位朋友不仅问自己的事情，每次到了最后，还总会写上我的名字，问对方，"这个人会怎么样？"而且他每次都会打电话把结果告诉我。

有一天，这个灵能者向他询问了我的年龄、出生年月日等很多信息，开始算卦。他说："你说的这个稻盛，就是那个现在风头正劲的京瓷的年轻社长吧。好奇怪啊，就命运而言，这个人现在应该已经遇到非常凶险的关口了。他大概是去年做了什么好事吧。你可以回去问一下。他一定是做了对其他人帮助很大的事情，否则的话，从这个人的命运本身而言，已经到了非常危险的状态了。今年会非常凶险，而且健康也会遇到大问题，甚至会丢了性命，根本不会像现在这么一帆风顺，一定是发生了什么。"

我听到这位朋友的转述，就有"哦，是吧"之感。虽然命运正处在最凶险的状态，但由于此时思善行善，避免了原本将要发生的厄运，让一直以来的正常状态得以保持。

这个命运和因果报应法则，有的时候可以带来相乘效果，让人生迅速好转；也有的时候会相互抵消，使得从表面上看不到人生的变化；还有的时候，两者的负面因素会相互叠加，让人生迅速恶化。

虽然心地善良，思善行善，但却无法马上产生好结果的例子很多。同时，也有思恶行恶，但恶果并不会马上呈现的例子。我们必须在了解这些现象的基础上思考我们的人生。

应该如何面对人生

诸行无常就是人生

我们的人生主要由"命运和因果报应法则"这两大因素所构成，其他因素都不怎么重要。

如果是这样的话，根据命运和因果报应法则，我们在人生中遇到的现象就会变化多端。比如，即使是不景气的时候，有经营艰难的人，又有经营成功的人；有身体不好的人，又有身体健康的人；有家庭有问题的人，也有家庭关系和谐的人。总之，会有各种各样的现象。

那么，应该如何面对这样的事态呢？由于应对方法的不同，我们的人生会发生巨大的转变。

所以，我接下来想具体讲一讲这个应对方法。只要活着，我们每天就会遭遇各种各样的事情。有时候，我们会遭遇自认为很痛苦、很艰难的局面；有时候，我们会遇到非常幸运、让自己觉得非常幸福的喜事。

我们所度过的人生由很多因素交织而成，学习佛教时最先接触的，就是所谓的"诸行无常"。

释迦牟尼看透了由各种好的因素、坏的因素所交织而成的人生，教导我们，"人生皆苦，诸行无常"。

不管什么事情，都是不安定、不恒定的。拿人的健康来说，虽然今天可能是健康的，但明天就可能卧病在床。企业经营也是一样，今天可能很顺利，但明天就可能遇到意想不到的困难。

在我们身边所发生的这个世上的各种现象，都不是恒定和安定的，释迦牟尼将其称为"诸行无常"。所谓诸行，就是指所有的现象，而这些现象都是无法保持常态的。

人生就是波澜万丈，变幻无常的。因此，人生很苦，人生就是苦行。释迦牟尼说，"人生即苦"，他希望通过自己的修行，帮助人们从这种苦难中解脱出来。

也就是说，释迦牟尼之所以修行，不是为了自己。因为自己周围的人都在受苦，就如他说："因为诸行无常，所以人生皆苦。"为了把大家从苦难中拯救出来，释迦牟尼选择了出家。

不管遭遇怎样的命运，都要以感谢之心去应对

那么，当我们面临人生的种种问题时，当我们因为这些问题而苦闷烦恼时，每天应该以怎样的态度面对这些问题呢？

我认为，不管是遇到好事还是遇到坏事，不管我们面对怎样的命运，都要发自内心地感谢命运。

要做到这一点非常困难。要感谢自己所遭遇的灾难，嘴上讲起来很简单。但是，当我们真的遭遇这样的灾难时，能否真正地感谢呢？这实在是太难做到了。如果是没有经历过特殊修行的人，应该很难做到吧！

但是，不管大家有没有在修行，我都希望大家用理性将"必须这样去做"的念头牢牢铭刻在心。如果不努力去铭记的话，是做不到这一点的。

遭遇苦难时，通常我们都只会口出怨言，自哀自怜。我们不能这样，必须以感谢之心去应对。一般人都会想"为什么偏偏是我要遭遇如此厄运"。不管是健康方面，还是其他什么事情，遭遇苦难和灾难时，大

家几乎必定会这么想。但是，我们要用自己的理性牢记，一定要以感谢的心情去面对，这可以说是绝对条件。

另一方面，大家可能会认为：普通人遇到好事，即便不刻意去想，也会心生感谢。但实际上并非如此。我们遇到好事时，会认为这是理所当然的。所以，遇到灾难时，就更不会产生什么感谢之心了。

虽然这就是人性，但不管遭遇灾难还是邂逅幸运，我们仍然都要努力以感谢之心去应对。"真心诚意的感谢之心"真的极其重要。

即使遭遇严酷的命运，也不能哀叹、沉沦、忌恨、怨天尤人，而是要以积极向上的心态，一心一意，持续努力。也就是说，抱感谢之心是最明智的举止。在此之前，必须能忍受苦难，做到不沉沦、不抱怨、不忌恨、不嫉妒。

接下来，还要一边忍耐一边努力。点燃美好的希望，持续努力，这一点必不可缺。

此外，走运的时候也要以感谢之心面对，要这么去想："就我一个人这么幸运，到底对不对？我是否承受得起这份幸运？"只要这样去做，我们就一定能在顺境中做到不骄不躁，保持谦虚的态度。

所以，我们在幸运时决不能骄傲，决不能狂妄，而是要保持谦虚的态度，"现在如此幸运，事业进展如此顺利，真的需要感谢"，要秉持这样的感谢之心。

不怨天尤人、不愤世嫉俗、拼命努力的少年松下幸之助

松下电器产业（现 Panasonic）的创始人松下幸之助⑥先生，由于幼时家道中落，小学就不得不退学去做学徒，没能受到足够的教育。在这种非常困难的逆境中，他遭遇了种种苦难。但他从不愤世嫉俗，从不自哀自怜，而是积极乐观、拼命为雇主服务，虽然年少，却顽强努力，尽其所能地让雇主更满意。

有时候，客人会使唤他："给我买包烟来！"松下会爽快地放下手头的工作，跑到街角的烟店为客人买来香烟。他就是这样一个朴实、乐观，不因自己的不幸境遇而垂头丧气的少年。就是这个少年，后来成就了"松下帝国"的伟业。

　　和他一样身处困境的孩子应该还有很多，因为其中的大部分还是年幼的孩子，所以性格会变得扭曲偏执。别的孩子都能去上学，都能吃到好吃的饭菜，都能穿着好看的衣服，这样的对比，恐怕会扭曲孩子的心灵，会让他们心生怨恨和痛苦吧。

　　其他少年中，怀着这种怨恨、痛苦和扭曲心态的，后来没人获得大的成功。但是松下幸之助和他们不一样，尽管遭遇那样的不幸，他却朴实真挚地接受了自己的命运和境遇。

　　虽然我不清楚松下先生有没有感谢这种境遇，但至少，他并没有嫉妒怨恨，而是以朴实乐观的态度去面对，拼命努力，一边忍耐一边努力，终于获得了大成就。

　　从松下先生的人生中我们可以知道，以怎样的方式面对逆境，将极大地改变一个人此后的命运。

　　另外，不管遇到怎样的幸运，如果应对方式不得当，就可能带来巨大的灾难。

　　那么，当我们遭逢不幸，或是邂逅幸运时，应该以怎样的心态去面对呢？像释迦牟尼那样历经艰苦的修行、最后大彻大悟的人，能够以正确的态度去面对。但我们这些凡夫俗子是做不到的，不仅做不到，而且往往还会做出完全相反的事情。

所以，我们至少要以理性去做出正确的应对。如果当事人进行过卓越的修行，那么不用问就知道，遭逢不幸时自然能顺利渡过。但那些人都是修行之人、开悟之人，我们这些凡人是无法做到的。所以，我们需要用理性去构建自己正确的心态。

中坚企业也好，中小企业也好，小微企业也好，其中总有一些经营者只要稍稍有些成功，就骄傲自大，甚至还有人因此沉溺于吃喝玩乐而把公司搞垮的。不仅仅是工作，我们人生中遭遇的各种事情，不问大小，都会因为我们应对态度的不同，导致此后的人生完全不同。

俗话说人生世事起伏难料。

曾有过这样的案例：一家中小企业获得了对其来说很大的成功，经营者因此沉醉于眼前的成功，忘乎所以骄傲自大，进而生活紊乱，最终导致企业濒临破产。这个时候，经营者对之前的行为进行了深刻的反省：

"一直以来的思维方式实在是太糟糕了。"并着手重建，现在又成为一家优秀企业。

避免可以避免的错误

我们的人生由好事和坏事交织而成，可以说是一个波澜万丈的故事。既有幸运的时候，也有不幸的时候，以何种态度应对人生中发生的种种现象，将决定以后的人生。

但就是这么一个简单的事实、明了的真相，大家却往往都不懂。我觉得大家恐怕也没有听过如此明确的人生总结。即便听过，时间一长也会忘记，不再去加以运用。

所以，必须拿笔记下来，并将笔记放在身边。一旦发生某些事情，看到这个笔记，就会想起必须以理性去应对。

到此为止我讲的都是很简单的内容，哪怕五六岁的孩子也能听懂。但是，在"应对人生中发生的无常的正确方法"这个问题上，哪怕搞错了一点点，也可能糟蹋乃至断送我们好不容易营造的人生。

如果发生这样的事情，不仅对于当事人来说很可惜，对于社会也是很大的损失，对于我们这些没有直接关系的人来说，也同样是一种损失。

这是严肃的人生真理。那些优秀的成功人士，由于没人认真地教他们这些道理，很多人后来都渐渐没落了。

那么，那些优秀的人士完全不明白这个真理吗？那也不然。就像听了我前面的讲解，大家现在似乎也明白了，但实际上只是一知半解。因为理解得不透彻，到时候还是照样犯错，犯那些本可以不犯的错误。

每个人都有权利和自由，幸福地度过仅有一次的人生。

但如果错误地理解了这个自由，就会导致难以想象的糟糕局面。

明明每个人都一定能度过幸福美好的人生，但实际上，由于错误的心态，太多人糟蹋了自己宝贵的人生。对于这样的情况，我很是忧虑。

人生的目的是提高心性

"为社会，为世人尽力"的含义

接下来，我想谈一谈人生的目的这一话题。

我们每个人正在度过的人生，就像我刚才所描述的那样。那么，我们应该怀抱怎样的目的去度过这样的人生呢？

如果先说结论的话，人生的目的就是"提高心性"。我一直对大家说，所谓提高心性，就是纯化心灵，净化心灵。进一步说，就是提升人性，提高人格，说的都是一回事。这就是人生的目的。

活在这一世，就像我前面讲过的那样，我们受到命运和因果报应这两大法则的影响，度过自己波澜万丈的人生。在这个过程中，我们提高自己的心性，纯化自己的心灵，提升心性，磨炼人格，乃至磨炼自己的灵魂，这就是人生的目的。

如果换一种表达方式的话，那就是我从年轻时就一直讲述的"为社会、为世人尽力就是人生的目的"。也就是说，如果不提升人格，提高心性，就无法做到这一点。我始终认为，对我而言，为社会、为世人尽力，就是人生的目的。

为什么我会得出这样的结论呢？

比如说，拼命努力工作，因此获得了事业的成功，获得了名誉，人生变得顺风顺水，但最终还是要迎来死亡。从出生到走入社会，有20年左右的准备期；进入社会后的40年左右，全力以赴投入工作，在为社会、为世人尽力的同时，也努力实现个人价值；接下来的20年是迎接死亡的准备期，为了做好准备，让灵魂踏上新的旅程，需要20年左右的时间。

在这样的人生中，我思考了如何面对死亡的问题。

所谓人生的勋章

我创办并经营了京瓷、KDDI等很多家企业，通过事业的成功，多多少少获得了一些名誉。同时，世界各地的很多大学也授予我名誉博士学位，给予我各种各样的称号和勋章。但是，当死亡来临时，那些东西对我又有什么意义呢？

我曾经思考，积蓄了一定的财产，建立了优秀的企业，这样的事情，到底是不是人生的目的呢？

年轻的时候，我抱着"要让京瓷成为一家卓越的公司，成为一家全球知名企业"的想法而拼命努力。我曾经以为这就是目的，也感到似乎是达成了。然而，这真的就是人生的目的吗？似乎并非如此。

那么人生真正的目的到底是什么呢？我后来逐渐意识到，在我们的人生中，对于这个世界、这个社会和我们身边的人做了多少善事，才应该是我们在人生中获得的勋章。

想要为社会、为世人做贡献，必须有一颗美好的心灵。我开始认识到："要塑造这样一颗尽己所能为社会、为世人做贡献的美好、善良的心灵，提高心性，磨炼灵魂。"这才应该是我们在这一世的人生中所能获得的勋章。

如果是这样的话，随着死亡渐渐临近，我就比较关心自己的心灵现在达到了什么样的状态。前面也讲过，我认为，虽然肉体会消灭，但灵魂是不灭的。我想知道的是，现在这个以灵魂为内核的心灵，在多大程度上变得更美好了。

经历过了这样波澜万丈的人生，我现在的灵魂与出生时相比，变得更好了吗？

我认为："在这个波澜万丈的人生中，既有辛酸也有快乐，发生了各种各样的事情。在遭遇这些事情、应对这些事情的过程中，如果灵魂得以磨炼和升华，那它就应该是我最宝贵的东西，可以说我的人生目的也因此达成了。"

我意识到，只有做到了这一点，当踏上去往另一个世界的旅程时，我自己才可能会觉知到，至少这一生我已经全力以赴地活过了。

塑造比出生时更美好的灵魂

我刚刚说过，"人生的目的是提高心性，磨炼心性"。但是，提高和磨炼心性这件事情是无穷无尽的。不是说一定要提高到某一个标准，而是只要不断磨炼，达到自己能达到的境界就可以了。

磨炼心性、磨炼灵魂所能达到的最高境界，就是和释迦牟尼一样，达到开悟的境地。就是说，通过磨炼心性、磨炼灵魂所要达到的，就是释迦牟尼修行、坐禅所达到的开悟境地。如果达至了这个开悟的境地，心灵就会变得无比纯净，灵魂就会变得无上美好。

达到开悟境界的灵魂，是"无上美好"的，几乎没人可以达到那个境界。但是，大家都可以"通过不断磨炼，让自己的灵魂比出生时更好"。这就是人生的价值。

也有人带着比出生时更为污秽和堕落的灵魂前往另一个世界。与此相反，把提高心性定为自己人生的目的，带着至少比出生时更好的灵魂去迎接死亡，如果能做到这一点，就可以说是达到了人生的目的。

当然，灵魂的美好程度有很多个层次，肯定是层次越高越好。但是，人生的价值在于，"让自己的灵魂在离世时比出世时更美好"。

用"六波罗蜜"磨炼心灵

为大众尽力

为了磨炼心灵，应该做些什么呢？对于企业经营者，我经常对他们讲，要努力"提高心性，拓展经营"。

经营是需要哲学的。于是我构思了"人生·工作的结果＝思维方式 × 热情 × 能力"这个方程式，并不断向大家讲述"思维方式非常重要"。与此同时，我也不断向大家强调经营者应该拥有的哲学和思想。

这就是说，要提高心性，就必须拥有正确的思维方式。我不断向大家讲述的哲学，正是达到磨炼心灵这一目的的方法。

我并不向大家讲述经营的具体诀窍和方法，而是经常会对大家说，我们来谈谈事关经营根本的哲学吧。

企业经营的原理原则，不仅仅适用于经营本身。

透彻思考"作为人，何谓正确？"并加以贯彻，是人生的根本之道。这并不仅仅适用于经营，而且完全适用于我们的人生。

我不断强调："我一直倡导的哲学是经营的根本所在，意味着正确的为人之道。没有做到这一点，根本就无法经营好企业。"

所谓"六波罗蜜"，就是释迦牟尼所说的："人只要践行这六条，心灵就能得到净化和纯化，最终走向开悟的境界。"这种修行的第一条是"布施"，就是给予，就是为社会、为世人尽力。

我们作为企业家经营企业，追求正当的利润，用所得的利润培养员工，并为社会做贡献。在这个过程中，我一直都非常重视利他之心，也就是努力利益到他人的思维方式。

在企业经营中，一般都会优先考虑自己的利益。自己的利益第一，如果有剩下的就分给别人，这可能是一般的做法。但我认为，不能这么做。

我一开始就不断阐述："要努力帮助对方，给予对方，我们的事业才会因此而成功。"

虽然有些不怀好意的评论家嘲笑说"满口利他之心的人根本就经营不好企业吧"，但我认为，如果没有利他之心，事业就不可能获得真正的成功。

做个不恰当的比喻。我们在澡盆里洗澡的时候，如果用手将水推向对面，水一定会反流回来。这看上去似乎理所当然，但在与他人交往时，努力为他人考虑，就如同把水推向对面，这个水一定会反流回来。

老话说"帮人也是帮己"，意思是由于为别人尽了力，自己也能得到益处。这种帮助他人的事情，就是布施。

布施就是给予，不是说给和尚香钱才是布施。为更多的人尽力就是布施。在人生中、在活着的时候，要经常思考如何为他人尽力并付诸实践，这就是一种修行。

向二宫尊德 ⑦ 学习"用工作磨炼心灵"

"六波罗蜜"的第二条是"持戒"。遵守戒律就能抑制烦恼。不做作为人不应该做的事情，遵守这一点就是持戒。

　　前面讲过，如果获得成功后，还一门心思想着"更大的成功"是不对的。获得了成功就应该感谢，应该"知足"；如果反而不感谢，不知足，认为"到此为止的成功都是靠我一个人的力量取得的，接着干下去一定能获得更多"，那么就会进入傲慢的状态，这就是烦恼。

　　不知休止，无限制地追求欲望的满足，就叫作贪欲，烦恼就包含着贪欲，对其进行抑制就是持戒，也就是不做作为人不应该做的事。

　　第三条是"精进"，就是付出不亚于任何人的努力。通过"布施"，为社会、为世人尽力，就能够磨炼灵魂。接下来要做的是"持戒"，也就是不做人不应该做的坏事，这也是磨炼心灵的一个方法。

　　同时，还要践行"精进"，也就是努力工作。在这三条中，精进是尤为重要的磨炼心灵的方法。

　　经营中小企业，是一件非常辛苦的事情。经常会看到那些从清晨到深夜拼命工作的经营者，让人感叹，其身体居然吃得消。对于磨炼心灵、塑造人格而言，实际上这种努力的效果是最大的。

不管是中小企业还是大企业，经营者还是员工，凡认真踏实、拼命努力地投入工作的人，都不会是"坏人"。坏人总是出现在那些随随便便、马马虎虎地经营企业，却又穷奢极欲的人中间。另一方面，如果真的付出辛劳，拼命努力投入工作，这样的人你不去管他，他的人格也会自然而然地得到塑造。

我认为，劳动不仅是为了温饱。劳动本身对于塑造人格、磨炼心性来说，非常重要。

我曾经讲过二宫尊德的例子。

二宫尊德是一介农夫，完全没有文化，自幼父母双亡，被寄养在叔叔家，作为佃农从早到晚辛苦劳作。他热爱学习，每天晚上点着油灯看书，结果叔叔很是恼火，觉得他浪费灯油，所以他晚上就没法学习了。

即便如此，他也披星戴月地在田间辛勤劳作，把贫瘠的土地改造为良田，重建了一个又一个贫困的村庄，在人格层面受到了很高的评价。

二宫尊德晚年，被邀请到德川幕府的江户城中，和在场的武士及诸侯一起上到殿中时，他的举手投足、言谈举止等，看上去完全就像出身于贵族家庭一样。

也就是说，出身是一介农民，没有学习过教养知识，但他的举手投足、言谈举止中流露出来的礼仪气质，甚至会让人惊叹，认为他的出身一定非常高贵。但实际上，二宫尊德每天从早到晚，挥舞着锄头和铁锹在田间劳作。二宫尊德的事迹，证明了劳动本身就能磨炼心灵，提升人格。

我认为，只有通过拼命努力工作才能磨炼心灵。凡是精通一艺一术的人，即使是木匠，只要是能被称为栋梁的、真正优秀的木匠，在电视的对谈等节目中，总是能让人感受到其了不起的人格。

"铁腕投手"稻尾和久 ⑨ 的人格

在体育界，我也遇到过真正拼命努力、不断精进、脱胎换骨、磨炼出优秀人格的选手。

《日经新闻》曾在《我的履历书》专栏里连载过西铁队的稻尾和久选手的故事，他被称为"铁腕投手"。稻尾出身于大分县的一所毫无名气的高中，也从未进入过甲子园（日本高中棒球联赛。——译者注）。加入西铁雄狮队后，他被放到了陪练投手的位置上，但他没有悲观失望，怨天尤人，而是埋头拼命努力。

在专栏中他提到，高中毕业是 1956 年。而我大学毕业是 1955 年，那是我步入社会的第一年。当时我的月工资是 8000 ～ 9000 日元。稻尾家以捕鱼为生，球探来到他家，拿出了签约金 50 万日元，让稻尾的母亲激动得晕倒在地。

于是稻尾本人兴高采烈地加入了球队，成为练习生。和他一起进入球队的人中，有一名叫畑的选手，曾经打入过甲子园，被作为主力候补，稻尾很是羡慕。

这个主力候补选手和其他重要选手都在 bullpen（棒球场中另设的，可在比赛中练投的场所。——译者注）训练，但稻尾作为陪练投手，每天都要给击球手喂 200 多个球。当时的西铁队中，有中西太、大下弘等优秀击球手，他们投出的球被砰砰地打回来，带着呼啸声擦过身体。稻尾内心非常害怕，担心什么时候会挨上一球，可能会被打死。在这样的状态下，他每天要投 200 个球。因为自己不是著名投手，所以只能默默坚持。

和稻尾一起进入球队的有两名高中毕业的知名投

手。有一次，稻尾问他们："你们的签约金是多少？"结果其中一人满不在乎地回答"500万"，另一人说"800万"。稻尾想到自己的母亲因为50万的签约金而惊倒，觉得这实在太不公平了。接着他又问："你们月薪是多少？"回答是"月薪50万"。

如果是普通的年轻人，这个时候一定会产生怨恨、嫉妒、忌恨的心情，但稻尾不一样。他觉得这也是没办法的事情，别人是打入过甲子园的知名投手，自己却毫无名气，所以，他还是在陪练投手的位置上默默努力。

此后，稻尾主动承担吃苦受累的活，明知在薪资待遇上自己很吃亏，但还是不断坚持上场投球，昨天当首发，今天中途上场，明天还接着投，为西铁队成为日本第一做了很大的贡献，而且，他从未有过怨言。

即便被任意驱使，稻尾也愉快地上场投球，在这样的辛劳中，不断精进。所以他写的《我的履历书》让人心生温暖，是十分出色的作品。如果心灵没有得到塑造和磨炼，是写不出那样的文章的，也无法讲出那样的体验之谈。

　　文章中提到，高中时代，稻尾对于数学一窍不通。但凭着老师对他另眼相看，总算勉强毕了业。不事学业，仅只是一般地打打棒球，是很难塑造人格的。但是，他通过一心不乱地专注于棒球，塑造出了出色的人格。看到稻尾成为一个如此出色的人，我们就能知道，工作对人有多大的价值。

　　六波罗蜜的第四条是"忍辱"，也就是忍耐。人生中会遭遇很多意想不到的事情，忍耐、忍受这些事情有利于提高心性。释迦牟尼教导我们，忍辱可以塑造人格。

　　第五条是"禅定"。因为我们每天都在喧嚣吵闹中度过，所以一天至少要有一次静下心来安静地坐禅。即使不坐禅也行，只要让心安静下来就行。努力抑制自己的躁动不安就是禅定。

　　最后是第六条，如果前五条能够扎扎实实地做到，自然就能触及宇宙的"智慧"，走向开悟的境界，释迦牟尼就是这么教导我们的。

　　就是说，"布施""持戒""精进""忍辱""禅定"都是提高心性的基本方法，是走向"开悟"的道路。

也就是说，只要这样去做，就能提升人格。

只要提高心性，就能看清正确的人生之路

我们都倾注心血，经营着各自的中小企业，这件事本身就是提升人格、提高心性的事业。重要的是，我们至少要努力坚持下去，持续提升人格，提高心性，当死亡来临之时，让自己觉得"多少变得更好了一些"。这就是人生的目的。

我们通过企业经营拼命努力修行，在这个过程中，人格不断完善，结果会发生什么呢？

因为我们的人格变得更好了，所以一定会思善行善。这样的话，因为"因果报应的法则"始终在起作用，所以我们身边的所有事情都会越来越好，事业经营也因而会越来越好。

与此同时，我们摆脱了那个"整天我啊我啊，只想着追求利益的自己"，观察事物的角度多多少少发生了变化，开始可以看到事物的整体，即使还到不了开悟的境界，但实际上已经可以更全面地看到事物的真相了。

比如，拿与同行争夺市场份额这件事来说，我们就能站在旁观者的立场，冷静地观察和认识那些魑魅魍魉、乌合之众"不顾一切争夺市场"的丑陋姿态。

当局者因为身在其中，受到欲望的支配，所以不管脚下还是眼前，都无法看到真相。但是，你却能从旁观者的角度对状况进行观察。这样的话，即使你自己不去争夺，市场份额也自然会增加。因为大家都你争我夺的份额中会有一部分自然溢出，流淌到你这里，这真的是一件不可思议的事情。

如此一来，我们就能从欲望膨胀，整天"我啊我啊"的状态中解脱出来，用清澈的眼光看待事物，就能看清事物的本质。

因为我们是通过自己内心来观察事物的，随着心性的提升，我们就能清晰地看到那些堕入饿鬼道的魑魅魍魉、贪婪执着之人，拼命你争我夺的状态。从中我们可以懂得，"自己应该选择怎样的活法"。

从这个意义上说，努力塑造人格、提高心性是至关重要的事情，这才是人生的目的。名誉、金钱、权力等，都不是人生的目的。

当然，随着我们这样提升人格，即使自己不去强求，财产也会不断增加，名誉也会随之而来，这些都是自然而然的事情。

但是，只要不傲慢无礼，不妄自尊大，即便变得有名，变得有钱，也不会有问题。

我已经重复好几次了，提高心性、塑造人格是非常重要的事情，这就是人生的目的。

注释

（1）安冈正笃

（1898—1983）：日本大阪人，毕业于东京帝国大学。日本大正·昭和时代的思想家，阳明学者。1927年创立金鸡学院，以此为母体，1932年成立国维会，对新派官员产生过较大影响。在日本"终战"时曾帮助修改过"玉音放送"的原稿。1949年成立全国师友协会，受到历代首相、财政官员的信奉。1983年逝世。

著有《王阳明研究》《日本精神研究》等书。

（2）圆福寺

位于日本京都府八幡市，是临济宗妙心寺派的大本山——妙心寺的专属道场，通称达摩堂。京瓷创立20周年时，在圆福寺建立了"京瓷员工集体墓地"，作为纪念事业的一个内容。1980年8月10日，京瓷在圆福寺举办了落成法事和第一次慰灵祭。

（3）西片担雪

（1922—2006）：1922年出生于日本新潟县，1955年就任熊本县见性寺住持，1971年任八幡圆福寺僧堂师家，1998年任西宫海清寺僧堂师家，2002年任临济宗妙心寺派第31代管长。在稻盛和夫得度出家时担任其授业师。

（4）白隐

（1685—1768）：日本江户时代中期临济宗的僧人，名慧鹤，15岁出家。据传在修行时听到远处的钟声而大悟。受到饭山的翁慧瑞传法后，进入当地的松阴寺。1718年成为妙心寺的首座，大力提倡《法华经》等经典和《临济录》等语录，为松阴寺的复兴和龙泽寺的建立做出了很大贡献，最后在松阴寺入寂。主要著作有《荆丛毒蕊》（5 卷）、《槐安国语》（7 卷）、《息耕录开筵普说》、《夜船闲话》等，书法作品也和仙厓（日本另一著名画僧）一样受到高度评价，作有"自画像"（三岛·龙泽寺）等。

（5）龙村仁

（1940—）：日本纪录片导演，原 NHK 导演，有限公司龙村仁事务所的法人代表，纪录电影《地球交响曲》导演。稻盛和夫观看过龙村导演的作品——《地球交响曲》（第一部）后，感到有必要拍摄续集，让更多人观看，所以京瓷资助了第二部和第三部的拍摄。《地球交响曲》（第二部）在 1995 年 2 月完成，《地球交响曲》（第三部）在 1997 年 10 月完成。

（6）松下幸之助

（1894—1989）：松下集团（原松下电器产业）创立者，PHP 研究所创办人。1894 年出生于日本和歌山县，9 岁孤身一人来到大阪，在火盆店、自行车店当过学徒，后进入大阪电灯（现关西电力）就职。1918 年 23 岁时创立松下电器器具制作所（1935 年改名为松下电器产业）。1946 年，以"通过繁荣实现和平与幸福"为口号，创办 PHP 研究所。1979 年设立旨在培养 21 世纪领导者的松下政经塾。1989 年逝世。

（7）二宫尊德

（1787—1856）：相模（神奈川县）人，通称金次郎。日本江户时代后期的农政家，通过勤俭努力重振了没落的家业。帮助重建了小田原藩家老服部家、藩主分家宇津家的下野（栃木县）樱町领、陆奥中村藩（福岛县）等。后来成为幕府阁僚，投入日光领的复兴活动。其弟子受其教导展开报德社运动。存世有《二宫尊德全集》。

（8）稻尾和久

（1937—2007）：日本昭和时代后期的职业棒球选手、教练。1956 年加入西铁队，以 21 胜获得"新人王"称号。以铁腕著称，与中西太等人建立了西铁队的黄金时代。1957 年起曾连续三年获得 30 胜以上，1961 年获得 42 胜。1958 年在日本系列赛中对阵巨人队时，在连失三局的情况下又连胜四场，为球队的逆转获胜起到了关键作用，被称为"神、佛、稻尾"。在役 14 年，总共获得 276 胜 137 败。曾任西铁队（后为太平洋队）、乐天队教练，1993 年进入日本棒球名人堂，2007 年去世。大分县人，毕业于别府绿丘高中（现艺术绿丘高中）。

第二部分

心与经营

第一章

心灵的状态

幸福的人生、幸福的企业经营都由心造

坏天气举办煮芋会

上次我对大家说，"我们来办个煮芋会吧"。今天，大家感觉怎么样？今天天气很差，有暴风雨，又很冷。我想大家都会觉得今天不好过。

但是，一边喝着酒一边吃着芋头，不知不觉中心情就放松下来了。有人说："一开始有点紧张，觉得这样的天气很糟糕，谁料结果心情却非常愉悦，不知为什么心情变得很愉快了。"

这就是说，不论是幸福的人生，还是幸福的企业经营，全部是由当事人的心灵所创造出来的，是这个经营者心灵的反映。

今天我特地把这口大锅从工厂运到这里，用来煮芋头。尽管现场的准备工作做得这么好，天公却不作美。这场暴风雨让天气如此寒冷，不管在谁看来，今天的物理环境都是凄风冷雨，令人郁闷的。

但即便是在这种阴郁沉闷的状况下，吃上一大碗芋头，再喝上一杯酒，心情自然就舒畅起来了。虽然可能还觉得多少有些寒冷，但不管刮风还是下雨，对我们的心情好像没那么大的影响了。

这和大家的企业经营也有相似之处。

也就是说，如果现在有人觉得自己的事业诸般不顺，遇到了很多问题和困难，那么实际上，这只是我们心灵闭塞的结果，是因为我们的内心陷入了阴郁凄惨的状态。

当事业不顺时，我们会怪罪于现在的环境很不好、经济不景气、日元升值，甚至是泡沫经济破灭。这些确实都是事实，但就像今天一样，我们虽然身处如此糟糕的天气和环境中，但只要改变自己的心态，就会感觉非常愉悦，甚至会想，这样的煮芋会，还想再参加几次。这样一想就能知道，我们的这颗心到底有多么重要了。

所有的一切可以说都是由我们的心灵所决定的，或者说，我们现在身处的环境，就是由我们的内心所营造的。

我今天本来就打算跟大家讲这个内容，没想到老天还为我创造了这个极佳的环境。跟大家重复过很多次了，不管是幸福的人生，还是幸福的企业经营，全部都是由当事人的心灵所营造出来的。这就是我想告诉大家的。

感受幸福能让自己变得充实

很多人都面临各种各样的家庭问题、社会问题，有着种种烦恼，内心无法感受到充实丰盈。假设今天就有两三个灰心丧气的人来到这里，无精打采地坐下了，心想着："这么冷的天，让我们跑到这里吃什么芋头，真是的。"那么，这样的心态就会把这个人导向越来越不好的方向。

外面寒风凛冽，似乎还要下阵雨。从物理环境上看，天气条件很不好，但是，我们要拥有一颗能够克服这种不利环境的、充实而豁达的心。一般而言，这确实很困难，如果用常识来判断的话，这几乎是一件无法做到的事情。

　　只是，困难也好，几乎无法做到也罢，总之要努力去这么想。要主动将自己的心态往那个方向调整。

　　吃点儿这个芋头，喝上一杯酒，心里要去想："这是多么幸福的事情啊。"就是说，现实是否幸福、是否物质充裕都没有关系。重要的是，要让自己能够从哪怕非常细小的事情中感受到幸福。通过这种方法，让自己认识到自己是幸福的。

决不玩弄权术

可怜之人必有可恨之处

听到这种说法，我觉得确实如此。如果自己是否幸福是由自己心灵的状态所决定的话，那么，不管别人怎么样，我还是愿意以宽厚之心亲切待人。但是，虽然自己想要这么去做，当对方不是抱有同样想法的人时，自己是否还能秉持这样一颗心呢？这个问题很是令人烦恼。

"要富有同情心，要用纯粹的心灵去面对生活。"话虽然这么说，但在现实世界中，很多人并非如此。在我们的公司里，在我们的同行中，就有这样的人。在社会上也有很多这样的人。还有人可能会说："仅仅依靠所谓纯粹的心灵是活不下去的。"

现实确实如此，我在忍无可忍的时候也会发火："你说的不对。""既然生活在这个社会上，就不能只顾你自己一个人。"这样的发火，说明我的修行还远远不够，但这也实属正常。

不是说"既然对方是这样的一个坏人，那我们在使坏方面也不能输给他"，而是可以这么考虑："对于自己不想做坏事，也好意提醒对方，'你的做法是不对的'。"

如果我自己的修行足够的话，只要自己心里想着"要充满善意，用纯粹的心灵去面对生活"，我周围的人应该也能转变成为拥有美好心灵的人。这种转变之所以没有发生，是因为我自身修行不足。

有一点是可以肯定的，如果我们努力转变自己的心态，用"想为大家尽力，希望大家都能变得更好"的美好想法去待人接物，事情就一定能够顺利推进。即便我们面对的人中有坏人，但只要我们秉持这样的心态，事情也一定能进展顺利。

如果坏人出现时，为了不输给他，采用不恰当的方法与他对抗，往往就会把事情搞糟。所谓坏人，往往会玩弄权术。所谓玩弄权术，就是指背后说人坏话、四处钻营、欺上瞒下等。遇到这种人的时候，如果一味想着与其对抗，采用和他一样玩弄权术的做法，就会导致非常糟糕的结果。

这里，我想讲一讲我的经验。有一次有人来访，对我说，"会长，有个事情想请教一下"。接下来，他开始向我倾诉："我现在很倒霉，吃了这样的苦头。"于是告诉我他所遭遇的种种不幸，并恳求我："会长能不能帮我解决？"

我默默地听着他的话，嘴上说着"我吃了这样的苦头"的人，实际上也让他人吃了很多苦头。所以，我忍不住说："你说什么呢？这不正是你对别人做的事吗？"

也就是说，这个人是一个玩弄权术的人，所以他的周围聚集的也都是同样的人。这个人说，"我遇到了票据诈骗，支票被人盗用，吃了大亏"。

他说自己脚踏实地拼命努力，结果却这样倒霉。但我却想说，"这难道不是你内心唤来的吗？或者说，你难道不是一直在思考这样的事情吗？"

有许多人在工作中认为："有个讨厌的家伙，让我破产，遇到票据诈骗等。现实社会就是充斥着许多坏人坏事情。"在日本有这样想法的人数不胜数。

不和这样的人交往

从另一方面说，在煮芋会上吃上一点芋头，喝上一点酒，能花多少钱呢？可能都花不了 1000 日元。有的人就是靠着这 1000 日元，让内心充实起来的。

所以，充实和幸福都不是要花很多钱才能得到的东西。只需要一点芋头和一杯酒，就能得到幸福。当我们对此感到满足，内心想着"这样真好啊"的时候，我们的世界就会一下子明亮起来。

这和我们的事业是一样的道理，对手可能会玩弄权谋。但我们却不能跟随。也就是说，即使对方是一个坏人，我们也绝不能和他一样，采用相同的方式与之对抗。

假设有个坏人，来到我们这里，花言巧语地想要骗钱。一般来说，大家一见面就会有感觉的。"这个人有点奇怪吧"，或者是"他好像是想利用我吧"。如果有这样感觉的话，我们一开始就不要与他交往了，微笑着说："谢谢，不用了。"不要再继续听他忽悠。

　　但如果这种时候，我们稍加搭话，对方可是精灵鬼，就会趁机说到轻松赚大钱的话题。这样的话，我们的投机心理搞不好就会作祟，想要按照他说的试一试。从这里开始，就要出问题了。因为在这个瞬间，你已经和他一样了。接下来，事情就会不断进展，最后你会哭诉，"我被骗了"。

　　如果是我的话，一看到这样的人，内心就会大致明白。和这样的人相处，如果我们自己没有防人之心的话，就一定会遭受伤害。为了不被伤害，我们不能不防。我们可能会将计就计，为了防备对方，想很多招数。

　　但是，我们去想这些招数，实际上就是污染自己的内心。所以，我一定会和这样的人断绝来往，如果对方要求继续见面，我就会说，"不，我很忙，实在抱歉"，予以坚辞。跟这种人来往，只会让自己的内心发生动摇，只会让自己的心灵变得污浊。

　　但是有不少人都会觉得，"我肯定不会上他的当"，希望从中占点便宜。因为想着，"这家伙不是好人，想要利用我"，于是想着将计就计，事情就会变得越发复杂。所以，不能和这种人交往，只要坚持不交往，对方就一定会放弃的。

周遭的现象都是我们内心的反映

心灵对科学领域的影响

在京瓷公司，我一直呼吁员工们学习《京瓷哲学》。虽然"京瓷哲学"这个名字有点曲高和寡，但其内容却绝不是不接地气的东西。

我从鹿儿岛大学毕业后，在松风工业做了 4 年艰苦的研究工作。我将这期间铭刻在心的理念一条一条地记录下来，在创办京瓷后不久，就将其编为《京瓷哲学》。其中就有这样的语录：

"周围发生的现象都是自己内心的反映，因此，我们必须成为人格高尚的人。"

这是我在从事研发工作时意识到的问题。实际上，即便是精密陶瓷的研究成果，也就是科学技术领域的问题，也受到心灵反映的巨大影响。可能有人会说"这是迷信"，但这却是再清楚不过的事实。

从事研究时，是抱着"这个难度太高了，估计做不成"的想法，还是抱着"应该可以搞出来"的想法，结果会完全不同。这种不同简直可以说到了不可思议的程度。

具体来说，曾有过这样一件事情：

我创业初期制作的一个产品，曾被长期使用。电视机显像管里有一个叫阴极的部分，电子从这个阴极中发射出来生成影像，这个发射电子的部分被称为电子枪。

从阴极发射电子时，只有给电子加上高压电，才能让其投射在几英寸的画面上生成影像。聚合后再扩散，用光学的语言来说就相当于镜头，这就是电子枪的功能。

而这个电子枪上承受高电压的零件，就是我开发并使其量产的。日本所有制造显像管的公司在长达 40 多年的时间里都从我们这里购买。这个产品从最早 20 日元一个下降到后来 3 日元一个。该产品长期由京瓷制造，市场几乎由京瓷一家垄断。

这个零件叫"预成型烧结玻璃"，是一个在注入很多气泡后制造出来的棒状玻璃零件，外形很简单。在玻璃中注入很多气泡，就能提高其耐电压性能。于是，为了将金属密封到这个玻璃棒中，就要注入很多均等大小的气泡，作为金属和玻璃膨胀差的应力缓冲。这个产品就是运用了这一物理现象。

"预成型烧结玻璃"的艰苦研发

研发这个产品的过程非常艰难。因为这个"预成型烧结玻璃"一旦发生破损或断裂，就意味着要报废一根显像管。

在当时那个年代，一根显像管的价格非常昂贵，往往却会因为一根仅仅 20 日元的玻璃棒的损坏而报废。所以，我们的神经非常紧张。因为一旦发生报废的情况，我们就会受到严厉指责："就是用了你们的玻璃棒，才导致产品报废，这是你们的责任。"

在采购我们的产品时，对方明明说的是："只要是这样的规格和物理性能就行了。气泡的大小大概是这样的，分布状态大概是这样的，耐电压性能是这样的就行了。"于是我们交货时会说："这就是按照你们要求的规格生产出来的产品。"结果，只要玻璃棒一发生断裂，对方就会马上怒不可遏地发起火来。

争论的结局如果只是退货还好办，但对方却会说，"显像管因为玻璃棒折断而报废了，你们必须赔偿显像管的费用。"一个单价只有20日元的东西，却要为此赔偿一个价值3万日元的显像管，这实在是太亏了，所以当初为了这个事情，经常吵架。

光说"对不起"是不行的。老是说着"对不起"，因而接受对方的赔偿要求的话，我们的公司可能会破产。所以，就不得不和对方吵起架来。

我必须据理力争："你们公司在确认收货前已经做了充分的试验，入库检查也全部完成了，是你们认可后才入库的。结果，你们在使用的过程中自己折断了，现在却来找我们的麻烦。""是你们做了试验，也做了入库检查，告诉我们'这样就可以了'，这个责任现在谁来负？"这样的情况反复出现，让我们疲于应对。

因为"预成型烧结玻璃"并不仅仅是密度均匀的玻璃棒，玻璃棒中还必须有很多气泡，含有很多复杂的气泡，它的物理性能很不稳定，因此发生了很多问题，质量很难稳定下来。

刚开始生产这个产品的那几年，经常会有这样的问题。但过了一段时间后，才逐步得以解决。并不是说我们拼命思考，就能找到决定性的办法，而是在不断努力尝试的过程中，才逐步得以解决的。在开发其他新产品时，一开始也是一样，总是不怎么稳定。

在生物科技等科学还没完全探明的最尖端领域，从事这些领域制造工作的人，应该跟我有类似的经验。

即便是无生物，刚刚诞生在这个世界的时候，也像婴儿一样不稳定，也是在常年使用的过程中才逐步稳定下来的。所以说不仅生物是这样，无生物也会逐步稳定下来。

最初的时候让我们那么耗心劳神的产品，现在已经不再出现任何问题，达到了100%的合格率。

当年，以我为中心，四五个本科学历的技术人员整日整夜、不眠不休地盯着这个产品，拼命投入研究和制造工作。即使这样，问题还是不断出现。但发展到了现在，已经没有大学学历的技术人员盯在制造现场了，而是改由高中学历且有经验的员工负责生产，现在已经没有任何问题了。

经营是心灵状态的写照

我想说的是："我们身边发生的种种现象，都是我们心灵的反映，因此，我们必须努力提升自己的人格。"我正是在从事研发工作的过程中才意识到，或者说是觉察到了这一点的。虽然研究的都是科学领域中物理化学范畴的东西，但从事研究工作的当事人的心灵状态，其实会反映到研究成果上。企业经营也同样如此。

经营者的心灵对于大家经营企业而言有着极其巨大的影响。就是说，作为经营者应有的心理准备和精神状态非常重要，可以说这就是企业经营的要谛。大家心灵的状态或者说是心态，决定了企业经营的状态。

就是说，经营者自己心灵的状态会活生生地反映在自己的企业经营上。

人格扭曲的人，企业经营也是扭曲的；刁蛮的人，企业经营也是刁蛮的；认真稳重的人，企业经营也是认真稳重的。

性格胆小而没有自信的人，企业经营也会呈现出相应的面貌；性格肆无忌惮的人，企业经营也会如此。当事人心灵的状态，会完全呈现在企业经营上。

　　所以，对于我们所有人来说，最重要的就是让自己成为一个人格高尚的人。什么样的人才算是人格高尚的呢？就是心灵维度或者说是心灵的高度很高的人。所以，我们必须努力提升自己的人格。

要每天反省

人格发生变化的两种契机

那么，如何才能提升人格呢？

大家都有各自不同的人格。而且人格这个东西是无法轻易改变的。俗话说，"三岁看老"，先天带来的性格、人品、人格等，是很难改变的。

一般而言，甚至可以说是 100% 没法改变的。

大家想要改变，只有两个方法。一个就是遭遇了难以想象的灾难，达到了觉得"恐怕活不下去了"的程度。

遭遇巨大不幸，甚至让人产生自杀的冲动。比如罹患重病或者遭遇差点丢掉性命的灾难等。只有在遭遇这种让人觉得"实在不行了，还是死了好"的灾难，从内心开始反省的那一刻，人才可能真正地发生改变。

这种改变会造就我们的第二人格。从原有的先天人格转变为后天的人格。遭遇这种灾难的时候，就是人格发生转变的时候。

　　另外一个方法，就是持续不断地反省自己的人格，反复再反复，如果能做到这一点，就能提升自己的人格。也就是说，要每天反省。注意，要反复再反复哦。进入这样的人生状态，就能改变自己的人格。

　　反复地进行反省，就能让这种反省进入自己的潜意识。在每个人的人格中，潜意识占据相当大的部分。潜意识这个东西，会在反复的反省中逐渐改变。

让尽可能多的员工获得幸福

　　我一直都希望大家能为了员工、为了家庭、为了社会而努力成为优秀的经营者。希望大家获得事业的成功，创造一个又一个高收益企业，并不断发展；希望大家能尽可能多地雇用员工。

　　在当今这个时代，员工人数多被视为经营上的不利因素。所以，一般的经营者恐怕都希望能尽可能少用人，即使雇用，也只支付尽可能低的工资。

　　但这种想法和做法是不对的。雇用一个员工，帮助他获得幸福，向他支付高工资，让他高兴快乐，是一件了不起的善行。比起其他好事而言，这是更大的善。

让一位员工获得幸福，本身就是件了不得的事情。一年到头每个月都必须支付薪水，不只是支付一年，而是要在他工作期间持续支付、供养，这实在是一件非常不容易的事情。

只要努力进行着这样的善行，大家的经营都会走向成功。所谓成功，就是尽可能雇用更多的员工，因为这就是为社会做贡献。

还有，相比讨论赚钱或不赚钱，更重要的是，能够说出"有了盈利，尽可能给员工多发一点奖金，多涨一点工资"这样的话。这就需要不断提升经营者的心性和人格。

大家可能读过一些好书，但可能很少有人能反复读一本书。在那些拥有杰出人格，且度过幸福美好人生的人中，相当一部分人都会反复读一本书，甚至把书都翻烂了。当然，不管拥有多么优秀的人格，如果缺乏了不断的反省，就无法维持这样优秀的人格。

　　比如说，学了某些东西，或读了一本好书，受到了感动，觉得"太了不起了"。那么是不是因为有了这样的触动和感动，就能提高心性，并在相当时间内持续提高心性呢？完全不是这样的，心性只是在那一瞬间暂时提高了而已。

　　只有反复持续反省，才能提高心性并加以维持。如果用地球引力做比喻的话，人原本都是紧贴着地面的，必须让其从紧贴地面的状态变为悬浮在空中的状态。

　　所谓悬浮在空中的状态，就是不断发出能量、克服地球引力的状态。就像飞机转动螺旋桨的状态，或是通过引擎喷射产生能量的状态。

　　同样，要将已有的人格维持在一定的水准，就需要不断学习和反省。如果要进一步提升人格和心性，就更要加强学习。

经常摄取"反省"这种营养

　　在那些我们觉得"真了不起、真伟大"的人中，有的人会随着年龄的老去，变回凡夫俗子。随着企业经营者人格的下降，其所在的企业也会随之没落，这样的事例不胜枚举。

这些人虽然在四十多岁、五十多岁的全盛期，拥有过杰出的思维方式，拥有过强烈的愿望，企业也因此繁荣发展。但随着年龄的老去，其思维方式也逐渐发生了改变。

这是没有经常摄取能量和营养的缘故。这个营养指的是心灵的营养，也就是"反省"这种营养。因为没有摄取营养，所以心灵逐渐衰弱。这样的例子数不胜数。

宗教界也能看到很多这样的例子，有一些曾经优秀的大僧正或法师，年轻时努力修行，获得了卓越的见识，但随着年龄的老去，却逐渐不再拥有这样的人格。

他们确实经历了非同一般的修行，甚至达到过开悟的境地，在某种程度上提高了心性，塑造了人格。但是，要维持这种心性和人格，就需要持续不断地反复修行。如果做不到这一点，很快就会被打回原形，这就是人的本性。

所以，能否经常进行反省，是人向上成长的关键。

　　比如，内心要有这样的想法："之前也从稻盛先生那里听到过这样的话，现在又听了一次，还是深有感悟，非常认同。""想将上次听到的话付诸行动，但每天的行为却都是与之正相反的行为，这次又深刻地感受到这一点，觉得自己还是不对，从现在起就要改正。"

　　如果能这么去想就好了。实际上，心灵的问题需要反复再反复地反省，不厌其烦地不断聆听相同的内容，不断进行修正。

　　作为经营者，要具备这样的思维方式："要努力提高自己的人格，成为一名卓越的经营者。因为这不仅对自己来说，而且对自己周围的员工以及其他相关人员来说，都是非常好的事情。"怀抱这种思维方式才能充实美好地度过仅有一次的人生。

　　听到我这么说，受到触动，类似"以往基本不怎么读书，闲暇时间都花在了户外运动上"的人，也能逐步对心灵产生关注。渐渐地会更多地去书店，逐渐开始关注有关心灵方面的书籍，这样的话，生活的焦点就会发生改变。

每个人都有利他之心

利己之心与利他之心

到此为止，我讲述了提升人格、提高心性的重要性。那么，人的心灵到底是怎样的一个东西呢？

心灵的状态大体上能分为两类：利己之心和利他之心，所谓利己和利他，就是"只要自己好就行的心和想为别人做点什么的心"。被利己之心支配是什么样的一种状态呢？就是赤裸裸地以自我为中心，只以利害得失来判断事物的姿态。追求名誉，希望引人注目，争强好胜等，这些都是我们所持有的利己之心。

这些都是自我意识的呈现。所谓自我，是我们每个人出生时就拥有的肉身所带有的卑微的本性。很无奈，这是不能没有的本性，也就是业。心性没有得到提升的人，呈现出 100% 的自我中心主义，只以自己的利害得失来判断事物。

那么，利他又是怎样的一种状态呢？就是对他人有关爱之心。虽然我们每个人都拥有关爱、温暖、美好的心灵，但如果不主动去觉察，就无法将其充分发挥。

前面也讲过，美好、温暖、关爱之心是我们人的本质，就是灵魂的本质。但是，灵魂一旦与肉体结合，自我就立刻强烈地呈现出来，就是说我们会变得利己，觉得只要自己好就行。

肉体所固有的利己本能

为什么会这样呢？因为肉体天然带有自我保护的本能。

比如说，大家的肉体都由60兆至70兆的细胞组成，一旦有细菌侵入，所有的细胞都会进入战斗状态，保护自己免受细菌的侵害。

只要有一个细菌侵入，身体就会拉响警报，立刻开始防御。这和战争的场景是一样的，因为细菌发起了进攻，身体的所有细胞都会与其对抗，这就是人的一种自我保护机制。

细菌侵入后，身体产生抗体，白细胞也会向细菌发起攻击。生物体天然就具有这样一种保护生命的机制。就在我讲这些话的时候，尽管无数的细菌进入到我的口中，但生命还能得以维系，就是因为有了这样一种极其精妙的机制。

当细菌侵入时，没有任何一种肉体会有下面这样的反应："细菌也是生物，我也是生物，没问题，欢迎细菌进入身体。"只要识别到细菌会对自己的身体造成损害，肉体就会对其进行彻底攻击，直至将其杀死为止，这就是肉体的本质。

但是，除此之外，还有一种"共存、共生、和大家和谐共处"的认知，这就是灵魂的本质。

在自然界中，没有人能仅依靠自己生存，大家需要拥有齐心协力一起努力生存的思维方式。希望对他人好，做出有利他人的行动，这就是利他。用基督教的语言来说，就是爱；用佛教的语言来说，就是慈悲。这样一种希望大家都好的心灵就是灵魂的本质。

灵魂的本质就是"真·善·美"

抑制自我的逆疗法

灵魂的本质，应该可以用"真·善·美"这样的语言来表达。我认为，"真·善·美"所表达的实体，实际上就是灵魂。

我们人类，可以说是朝着"真·善·美"的方向行动的。对真的追求产生了科学；对善的追求产生了宗教家、宗教活动和哲学等；对美的追求产生了艺术。

那么，为什么要追求"真·善·美"呢？这是因为我们自身就是这个"真·善·美"所描述的实体，我们每个人都拥有这样的灵魂。因此，我们自然会被"真·善·美"所吸引。

但是，我前面讲过，人是有肉体的一面，因此人的自我意识往往会变得很强烈。所以，如果要彰显人的灵魂，就需要修行，几乎所有的人都是如此。但是，我们普通人却没有时间修行，那应该怎么办呢？

　　本来，大多数人的心灵都受肉体的支配，恐怕心中100%都是自我，甚至没有一丝一毫的"真·善·美"。

　　因此，我们要有意识地进行自我反省："你这家伙，一天到晚只考虑自己，这样真的好吗？"所谓反省，就是抑制自我。通过抑制自我，灵魂所具有的"真·善·美"，抑或是利他之心就能呈现出来。

　　宗教家会通过坐禅或是瑜伽进行修行。也有人通过苦行，积极主动地将自己的利他之心呈现出来，也就是用"真·善·美"将利他之心呈现出来。

　　我想说，让我们用这个逆疗法进行修行。只要抑制自我，心灵中就会产生新的空间，而这部分空间一定会被我们本来就有的纯洁之心所占据。所以，每天反省就意味着提升人格、提高心性。只要提高心性，就能看到事物的本质。

只要提高心性，就能看清事物的本质

　　大家有时候会说，"那个人很优秀""那个人是名牌大学的高才生"。但凡被认为"优秀、高才生"的人，往往都是三流的经营者。脑子完全不开窍的迟钝的人当然也无法成为优秀的经营者，但实际上，脑子很好的人往往也是不行的。

相反，一个被人称赞"工作能干，反应敏捷，头脑聪明，与我们的社长见面，觉得他人品也好，虽然说不出好在哪里"的社长就不会是一个露骨的利己主义者。

"那人是个好人""是个人物"，受到这种评价的经营者，他心灵中美好的部分会时而流露。

再进一步分析，如果被认为"那个人人格高尚"，那么就意味着那个人身上的利己和利他各占 50% 左右。自我本身并不是恶，大家想让自己好是理所当然的，问题是自我的占比太多了，太多了就有害了。所以，要抑制自我，通过反省来抑制，只要在人生中时时意识到这一点就行。

反映在人格上的现象也会反映到大家的企业经营上，经营就是人格的反映。所以，让我们一起努力抑制自我。

一旦能抑制自我，利他之心就能呈现出来，也就是说心性就能得以提高，人就会变得更好，成为一个人格高尚的人。这样的话，就会更多地逛书店，希望进一步学习。

来到书店后，首先映入眼帘的书籍的种类也会发生变化。这一点很有意思，当我们的利他之心开始呈现的时候，就不太会去翻那些八卦杂志了。那些杂志往往赤裸裸地描写别人的隐私，对他人的嫉妒诽谤，大家正是出于猎奇心理才会去看那些杂志。但是，当心性提升后，对那些八卦杂志就会失去兴趣。

当我们对"那个明星原来暗地里干着那样的勾当"之类的事情感到有趣的时候，实际上并没有想着利他，而是觉得"那个人果然也是这样"，于是把自己的事情放在一边，对别人说三道四起来，并以此为乐，这就是人最卑鄙的劣根性。这种劣根性和"把别人的欢乐视为自己的欢乐，把别人的悲伤当作自己的悲伤"的境界差了十万八千里。

当我们逐步摆脱这样的劣根性，不再去关心那些八卦杂志时，有趣的事情就发生了，我们会去关心完全不同的事情。而且，我们会不再被世间的舆论所影响，渐渐地拥有了自己的思考。

　　当我们进一步努力时，就能打开心灵的慧眼，就不再被这个世界上的种种现象所迷惑。这样的话，我们就能看到事物的本质，进而拥有先见性和预见力。

　　要想达到这个程度，我们就需要不断提高自己的人格和心性，需要更加努力地学习。

第二章

利他之心

抑制利己心，利他心就会显现

一旦利己占上风，就会带来破绽

近来，我们经常可以在报纸上看到，政治发展正在背离国民的关切，只追求自身独自发展，政治发展仅仅依存于政治理论而非国民的要求。此外，经济发展也仅仅依存于经济理论，整个社会都陷入了这样的状态。我认为，社会整体已经陷入腐败化脓的状态，如果持续下去的话，可能所有的体系都会崩溃。我对此抱有强烈的危机感。

虽然经济不景气，党派间争夺主导权的斗争和争吵却仍然持续不断，对国民的期望置若罔闻。身处社会高层、领导层的人们，内心正在腐败化脓。他们只顾自己，待人处事以自我为中心，所以才会导致种种问题的发生。

就是说，他们已经无法用"什么是对的？什么是错的？"这一善恶的基准来进行判断，所有的判断都变成了自我中心的、利己的判断。区别仅仅是作为政治家个人的自我中心，还是作为政党的自我中心。他们眼中已经看不到天下国家或是国民大众了。企业和产业界也是一样，那些赤裸裸的基于自我的判断导致了种种问题。近来不断发生的金钱丑闻和人事丑闻就是证明。

前面讲过，人可以被大致分为以自我为中心的、利己的人，和与之相反的、利他的人。遗憾的是，利他之心，即关爱他人，为他人着想的善心却不易发扬，而以"自己是否赚钱，对自己是否有利"为中心来考虑事物却是我们的人性，这是令人悲哀的事实。

如果一个企业的领导人，以赚钱和华服美食这样的欲望为动机来经营企业，可能一时会有快速的成长，但迟早会出现问题。

因为抱着只要自己好就行的思维开展经营，一定会导致反社会的行为，因而与社会产生摩擦，结果必然导致没落。也就是说，当自我膨胀，利己心占上风的时候，我们的行为就会露出破绽。在这一点上，无一例外。

如果心灵是中空的圆球……

但是，人的内心绝非仅仅只有自我存在。这个自我，也就是利己心虽然很强烈，但与此同时，所有人都拥有"利益他人、为他人着想的、与人为善的，关爱他人"的利他本性。

在这里，我想再次向大家强调，"如果企业家的心中没有利他心，也就是关爱他人、为他人着想的愿望，企业经营是无法成功的"。

我想告诉大家："只要自己好就行，仅以这样的心态是无法经营好企业的。"

当然，天生就能发扬利他之心的人少之又少。普通人如果不有意识地修行，几乎都会以完全利己的动机行动。在我们这些普通人心中都有利己心，也就是只要自己好就行的心态。

所以，我想再次强调，就像前面讲过的，必须抑制这种利己心，我们能抑制多少利己心，就会相应地有多少利他心呈现出来。关爱他人的利他之心，即便我们努力发扬，也往往很难做到。但是，只要抑制利己之心，利他之心就会自然而然地呈现出来。

　　如果我们的心灵是一个中空的圆球的话，那么一般而言，这个容器中都充满了只要自己好就行的利己之心。但是，如果努力减少这种利己心，心灵中就会有相应的空间空出来，而填充这部分空间的，必定就是利他之心。

　　这在佛教中被叫作"知足"。因为利己的欲望会膨胀，而且会无限膨胀。如果要加以抑制，就需要以"知足"的心态待人接物，立身处世。这样的话利己心就自然能得到抑制，利他心就能呈现出来。

经营就是利他行

我为什么创立京瓷

大家能够感知到自己拥有多少这样的利他之心吗？

大家都是中小企业、中坚企业的社长和经营干部，实际上，每个人心中已经有相当比重的利他之心了。

我不是让大家"成为教化他人的，满口之乎者也的圣人君子"，我们当中也几乎没有能达到这种状态的人吧。但是，比起普通人而言，大家其实已经拥有了更多的利他之心。

当初创立京瓷的时候，我是这么想的：

"用300万日元的资本金就能成立公司，太好了，实在是令人感谢。我和共同创业的7名同志，从此就有了一个让我的技术发扬光大的场所，这就是京瓷。"

但是，仅仅过了两年，我就意识到这种想法是一个巨大的错误。

　　我们在第一年录用了二十名初中毕业的员工，第二年又录用了十几名高中毕业的员工。但这些高中毕业的员工工作一年后提出要求："今年冬季的奖金要发多少，明天春天的加薪要加多少，接下来的 5 年里需要加薪多少，如果不能满足我们的条件，我们就集体辞职！"他们拿着按了血手印的联名状，向我提出了强硬的交涉。

　　这些同时入职的高中毕业的员工提出了"大家一起辞职"的要求，让我很是震惊。当时还是没有工会的时代，我把这十几个人带回我住的市营公寓，在那间只有两个房间的狭小公寓里，我和他们促膝长谈，持续了三天三夜。

　　他们要求：要保证每年多少的加薪，多少的奖金。但我坚持："这个恐怕是无法保证的，因为我们是去年刚成立的新公司。

　　"我不是一直跟大家说吗？我会拼命努力，希望大家和我一起努力，一起建立一家优秀的企业，到时候大家的待遇一定会大大提高。"

　　我向他们不断诉说："我如果能对你们承诺明年、后年，甚至是 5 年后的事情，就根本不用这么拼命了。

仅仅为了努力保证大家今天、明天有饭吃，我都已经如此恶战苦斗了，要对 5 年后的事情做出承诺，根本就不可能啊。"与此同时，我深深地感觉到："创办京瓷公司的这个决定，太失败了。

"创业以来，我一直认为，在他人的帮助下成立的这家公司，单纯是为了让我的技术发扬光大而存在的。这些员工与我素昧平生，仅仅是通过了面试才进入公司，现在却连他们将来的生活都要由我来保障。"

面对眼前被员工逼宫的现实，我深感自己实在是干了一件骑虎难下的事情。

主动照顾"素昧平生的人"

我是 7 个兄弟姐妹中的老二，独自一人来到了京都，其他 6 人都留在鹿儿岛老家。当时的我，既无法照顾自己的父母兄弟姐妹，也没办法在经济上支持他们。

所以我很恼火："我连对老家的父母兄弟的忙都帮不上，却要为这些刚刚被录用、与我素昧平生的员工提供一生的经济保障。当时录用时并没有这样的承诺，现在却要求我做这样毫无道理的保证，与其照顾这些家伙一辈子，我还不如照顾自己的父母兄弟比较好。"

但仔细思考就会明白，企业不就是为了保障员工而存在的吗？到了这时我才第一次意识到了这一点。"为了这些员工，我一辈子都要拼命努力。"想到这一点，我就觉得后背发凉，发现自己真的干了一件骑虎难下的事，但事已至此，已经退无可退了。

于是，就在这个时候，我确定了"京瓷的经营理念"。

我为什么要经营京瓷这家公司呢？在此之前，我一直认为，创立公司是为了让我的技术发扬光大。但就是在这个瞬间，经营公司的目的发生了变化，转变成了"追求全体员工物质和精神两方面的幸福"。

而且，我还觉得应该"在追求全体员工物质和精神两方面幸福的同时，为人类社会的进步发展做出贡献"。不管在什么情况下，公司首先都应该追求全体员工物质和精神两方面的幸福。我意识到了这一点，改变了自己之前的方针。

也就是说，一个连自己父母兄弟都无法照顾的人，反而不得不去照顾那些素昧平生的人，而且他居然还真打算这么去做。

公司的扩大就是利他行的扩大

大家在成为经营者的那一刻起，就应该知道：必须照顾好自己的员工，所以我们的企业才能保持和谐的氛围，经营才能顺利。实际上，这已经变成了企业存在的前提条件。

像日本这样普遍采用终身雇佣制的国家，员工都会抱着"一旦进入公司，公司就会照顾我一辈子"的想法入职，所以经营者必须照顾这些萍水相逢的员工。

要照顾一个人的一生，需要耗费巨大的资金。大家将其视作理所当然，并在不知不觉中予以践行，这本身就是利他。就是说，大家已经拥有了愿意帮助他人的"利他之心"。

如果我们将照顾员工一生视为理所当然的话，就已经具备了释迦牟尼所说的慈悲心、布施心，基督所说的爱，大家实际上也已经具备。

接下来，我们的企业会逐渐成长起来，50人会变成100人，100人会变成1000人，这就意味着利他行的逐渐扩大，也意味着责任更重了，要帮助的人更多了。

接下来，就需要为当地做一些贡献，这是对周边社区居民的利他行。如果"希望为县里做点贡献"的话，那么就是对"县"这个更大区域中的人们所做的利他行。

如果说希望为日本这个国家做贡献的话，从国民的视点来看，这就是利他行。当然，如果说要保卫日本这个国家的国家利益的话，这就是国家层面上的利己和自我中心，但从个人和国民的角度看来，确实是很大的利他。因为这是帮助国民这样的"他人"的利他行为。

利他的思考还能超越国家的层次。为了世界和平，如果只考虑一国的利害得失，就可能危害整个世界。在这里，就需要有"地球利益"的思维方式。再进一步说，如果仅仅只考虑地球，从宇宙的角度来看，可能也会带来坏处，这个时候，就需要有"宇宙利益"的思维方式。

大家能理解吗？人的心灵分为利己和利他，最低层次的就是为了自己，为了个人的那种自我中心的私心。"只要自己好就行"的思维方式和行为方式，会把整个社会都放到自己的对立面。

与此相比，"至少也要守护自己的妻子和孩子"的这种想法，就是家庭层面的自我中心。虽说是家庭层面的自我中心，但从个人角度看来，还是有利他的成分。因为珍视自己的妻子，守护她，以及守护自己的孩子，其中就有利他的部分。所以说，家庭层面的自我中心本身，已经包含了利他的成分。

即使在一家小企业中，守护公司，珍视公司的员工，这样的思维方式与个人的自我中心相比，也包含着了不起的利他行的成分，也就是包含着想要救助他人的成分，这是一件非常了不起的事情。

利他之心开阔视野

那么，用以自我为中心的利己基准来判断事物，与用利他基准来判断事物相比，有什么不同呢？不同之处就在于视野会变得开阔。

比起觉得只要自己好就行的个人自我中心主义，超越个人，珍视家庭且努力让家人更好的恩维方式，能让人摆脱狭隘的个人视野，站在家庭这个更宽广的视野上看待事物。进一步说，如果不仅考虑家庭，还珍视公司的员工，希望他们更好，那么视野也会随之扩大。就是说，随着利他范围的不断扩大，我们看待事物的眼光和视野也会扩展。

如果抱着只要自己赚钱就好的想法，人的视野真的会变得非常狭窄。结果就会看不见前方的路，就会跌倒。看到那些只顾自己公司赚钱的利欲熏心之人，我会觉得过于危险而看不下去。因为我能预见，"那个人恐怕会在那里跌倒"的景象。但是，他本人却是看不见的，因为他觉得对才会这么去做。

反之，如果能睁开利他之眼，视野就能不断扩展。当我看到有的经营者心怀大爱，为了救助更多的人而经营企业时，我就会很安心。

心态改变，人生观就会改变，命运也同时会发生改变，而且看待事物的眼光也会改变。这样的话，就会具备预见性，就能看到未来，拥有感知到"那里恐怕会出问题"的预知能力。

　　我想再说一遍，所谓利他之心，就是能将别人的欢乐视为自己的欢乐的心灵。看到别人成功，能从内心觉得"真好啊"。

　　一般来说，没有什么人可以把别人的欢乐视作自己的欢乐。看到别人非常幸福愉快，往往会嫉妒，这就是普通人。甚至有人会想要去破坏，因为看到对方很幸福，自己就不高兴，普通人就是这么猥琐。

　　与之相对应的是，将别人的欢乐视为自己的欢乐，将别人的痛苦视为自己的痛苦的关爱之心，也就是美丽的心灵，这就是利他。但是，要想拥有利他之心是非常困难的，因为人天生就是利己的。我也是一样，也有利欲熏心的利己部分。

　　所以，我想再次重复，只要多多少少抑制这样的利己心，就会产生利他心。要抑制利己心，就需要在人生中不断反省，保持谦虚，还要"知足"，不能让自己的欲望无限膨胀。"知足"可以帮助我们抑制利己心。

　　比如，在政界，很多国会议员原来立志成为拥有"利他之心"的政治家，他们参加众议院选举，获得国民的信任，选举当选后进入国会，立志为国民尽力。

但有的人一旦当选，就立刻把谦虚、反省、知足等思维方式抛到脑后，变得狂妄傲慢，完全忘记了利他。视野中也不再有日本这个国家和国民，而只关注自己及其所在党派的利益，变得非常狭隘。

不仅政界是这样，经济界也是一样的。当今这个世界，由那些利己的人纠合在一起，仅靠相互之间算计利害关系而驱动，所以世风日下，人心混乱。这种状况必须改变，已经迫在眉睫。

我们必须持续敲响警钟，让能反复反省自己、能站在社会的角度思考问题、能努力抑制哪怕一丁点儿利己心的真正领导者成长起来，让他们发扬利他之心。同时，国民也要全员一致地改变方向，用自己的力量，帮助孕育那些能真正为国民尽力的领导者，只有这样，我们这个社会才可能发生改变。

在这里，我恳请大家，哪怕仅仅是为了这个国家，也要努力秉持利他之心去待人处事。

人的本质就是利他

我们很少有机会体验这种"利他之心"，但偶尔还是有的。

　　比如，在挤满人的地铁里，自己疲惫地坐在座位上。但眼前站着一位老太太。这时，虽然自己很累，想装作看不见，但还是觉得不妥，于是站起来给她让座，说："您请坐。"

　　"您太谦让了！"老太太很是感谢，并客气地说："没事的，您坐吧。"你还是会说："还是您坐吧！请，请。"于是老太太坐了下来。虽然自己脚腿酸痛，拉着吊环站着，但听到老太太的感谢，心情也随之舒畅起来。应该有人有过这样的体验吧。

　　这种心情和享用美食、身着华服时欲望得到满足的高兴有所不同，这是一种更为淡泊、恬静的喜悦。利他能让人感受到这种喜悦。也就是说，利他的喜悦和利己得到满足的喜悦是很不一样的，这是一种让人心情非常舒畅的东西。

　　但是，人并不是天生就这么好心肠的，往往难以把"利他之心"发扬出来。但从本质上而言，大家都是利他的，只是这种利他会随着年龄的增长，逐渐被利己所覆盖，利己会逐渐占上风，但人的本性却是利他的。

向亲子之爱学习

母爱是利他的极致

那么，利他的极致表现是什么呢？那就是母爱。母亲守护自己的孩子时所流露出的爱，是利他的极致表现。

说得极端一点，母亲会用生命去保护自己的孩子，这是母爱的天生属性，这一点无法从道理上讲明白。所以，当我们因母爱赞扬一个母亲"您真的很善良，是一个有利他之心的人"时，对方反而会觉得莫名其妙。

这是因为对方已经把这种母爱、这种利他心融入到了自己的本能之中。所以，母亲发扬母爱时，不需要讲什么道理，不会有意考虑"这是为了他人"之类的事情。当自己的孩子生病有生命危险时，母亲会想尽办法，哪怕缩短自己的寿命也要救孩子。这就是极致的利他。

　　因为母亲的本能中就蕴含着对孩子的利他之心，这当然很好。但是，我们一般人身上有没有具备利他这种本能呢？答案是没有。

　　我认为，父母对孩子的爱是利他的极致，反过来，孩子爱父母也是利他。把自己的父母放在比自己更重要的位置上，孝顺父母，这同样也是利他，但这部分利他并没有被刻印在人的本能中。

　　这一点在动物界中可以找到证据。不管是猫还是狗，母亲都会非常珍视地养育孩子。这种母爱非常强烈，达到愿意用自己生命去换孩子生命的程度。但是，孩子长大后，一定会离开父母，孩子帮助父母这种事情，在动物界闻所未闻。

　　有孝顺父母这种行为的只有人类。但是，如果不在孩子的教育和教养中加入这些内容，即便是人类，也将不再会孝顺父母。

　　在战后的教育里，没有谁再来教授孝顺父母之类的事情。以前的学校里会教导学生，"要孝顺父母"，现在根本不教了，所以孝顺父母的人也越来越少了。

对于血缘最近的父母，都无法关爱，更不可能关爱别人。对血缘关系最近的父母施孝行，就是利他的开始。对此我们现在却已经没什么意识了。

前面曾经讲过，人本来就有利他之心，但往往会被利己所遮蔽。只要把这个利己剥除，美好、闪闪发光的关爱之心，也就是利他之心就能呈现出来。

为了让这样的"利他之心"呈现出来，以前的人们倡导"尽孝"。连尽孝都做不到的人是不可能为社会尽力的，所以以前会倡导大家尽孝。利他就是从这里开始的。

善良的姐弟和裱糊匠的故事

有一次，在东京到大阪的新干线上，偶然间在报纸上读到一则记事，让我深受感动，几乎热泪盈眶。

这则记事显露出孩子关爱父亲的善心，让人感动。要子女会关爱父母，必须告诉孩子"子女爱父母才是人间正道"的道理，子女才能学会。但是，前面曾经讲过，人的本质就是利他，只是因为在长大的过程中，利他本质逐渐被利己所覆盖，所以才会变成今天这个样子。

但是，在纯真无邪的孩提时代，每个人都是有利他之心的。这则记事与我心中的想法完全一致，让我深受感动。

记事的内容大概是这样的：

"大约 20 年前，一个裱糊匠的太太生病住院，经这家医院医生介绍，裱糊匠一大早从大阪出发，赶往东京的另外一家大学医院。在这家医院里，他遇到了一对从金泽来的姐弟，姐姐小学一年级，弟弟才 3 岁，两人无处栖身，而且还饿着肚子。

"两人的父亲当时因为肺癌住进了金泽的医院，为了尽早拿到丸山疫苗，姐弟两人带着介绍信，在无人陪同的情况下来到东京。裱糊匠觉得这姐弟俩很可怜，于是把二人带到旅馆，吃完早饭后，陪着他们一起去拿疫苗。

"因为两个孩子没带什么钱，于是裱糊匠就把自己身上的大衣和脚上的鞋子脱下来，拿到当铺换成钱给了两人。他陪了两个孩子一整天后，在上野站依依惜别。没了鞋的裱糊匠据说是穿着医院的拖鞋回大阪的。

"20年后的今天，这个裱糊匠打听当时小学一年级的姐姐和3岁弟弟的消息。裱糊匠买了一双新拖鞋，还给了医院，作为20年前穿走的那双拖鞋的补偿，并拜托医院，如果能找到当年那个金泽患者的诊疗记录，请一定告知。虽然不容易找到，但还是期待什么时候能够再次相见。"

父亲因肺癌住进了金泽的医院，姐姐小学一年级，弟弟才3岁，估计家里也很穷，他们是怎么拿到医生的介绍信的呢？

我自己对于小学一年级时发生过什么事情现在已经没什么记忆了。与过去相比，现在的社会更发达了，孩子也可能更早熟了。但即便是今天，为了挽救父亲，一个小学一年级的小女孩拉着弟弟的手，从那么远的地方来取丸山疫苗，实在是让人震惊和不可思议的事情。

这就是关爱父母的极致孝行。我们这些人，即便被教育、被强制，也不怎么孝顺父母，而这两个孩子真是有心人，有善良美好的心灵。

而这两个孩子遇到的那位大阪裱糊匠大叔，在寒冷的冬天，把自己的大衣和鞋子拿到当铺换钱，用来帮助两个孩子。他的这种美好的利他之心，也让人深受感动。

这种"孩子孝顺父母的利他之心"还带来了更好的结果，当裱糊匠大叔经历丧妻之痛，难以承受之时，眼前浮现出了孩子们的面容，"连那两个孩子都做到了"，成了大叔自我激励的回忆。时隔20年，大叔希望再次见面，我觉得这让人无比感动。

因为当时姐姐是小学一年级，可能是六七岁。现在姐姐应该二十六七岁，弟弟应该23岁左右，如果上了大学的话，可能已经毕业。真希望他们能联系上。

那对姐弟在那之后度过了怎样的人生呢？真的让人牵挂啊。如果因为父亲过世导致家中贫穷而性格扭曲的话，我真的想开导他们，只要回到当初那纯粹的心灵，你们的人生都会非常精彩的。

如果他们因为心地纯洁，现在已经过上了非常幸福的生活，那么我想给他们一些建议，希望他们可以度过更加幸福美好的人生。

小学一年级的姐姐牵着3岁的弟弟的手，两人相互鼓励，带着金泽医生开的介绍信，来拿丸山疫苗。我想，恐怕他们的母亲也出身贫穷，没有受过很好的教育吧。否则的话，是不会让两个孩子单独出远门的，特别是他们身上还没带什么钱。

那位大阪茨木的裱糊匠大叔的心灵是多么美好啊。到了 60 岁，他也没有变成一个世故圆滑的人，还期望再次见到那两个孩子。

在这个社会上，一方面还存在着这样心地纯洁、拥有利他之心的人；另一方面，我们经营者当中、政治家当中、日本的领导人当中，却有太多自我中心、自私自利之人，所以这个社会乱象丛生。

我希望，企业的经营者们能有这样的愿望：至少要让自己获得幸福；至少要把自己的事业做得更好；至少要让员工、周边社区和更多的人变得更好，为此自己要拼命努力。希望大家成为不辞辛苦、努力奋斗的人。

第三章

具备真正的勇气

正确的判断需要勇气

经营者必须具备"燃烧的斗魂"

经营这件事情是非常困难的。虽然说是困难，我们却又不能将之想得太困难。据说伟人都把困难的事情想得比较简单。所以，我们也要把经营想得简单一点，这很重要。

此外，临事有勇也很重要，决不能有卑怯的举止。这看上去似乎无关紧要，但在企业经营中其实非常重要。

当初刚刚创业时，我是靠自己一个人努力，但之后随着事业的扩大，单靠一个人的努力就完全不行了。于是，我开始真心希望，那些和我一起工作的同事，可以成为优秀的经营者。

当时我对他们说的是，要做到临事有勇。最激烈的格斗项目如拳击，或是其他项目如橄榄球，其选手都要拥有燃烧的斗魂和勇气。我认为经营者必须具备能与之匹敌的斗魂和勇气。

　　勇气这个东西，需要一定的肉体条件。拥有勇气对于那些本来就身强力壮、胆大的人来说不是难事。我甚至认为，那些身体瘦弱的人，也应该通过练习空手道等方法，让肉体变得强壮，由此具备肉体上的勇气。事实上，我对公司干部也讲过类似的话。

　　当时我用空手道举例，向大家说明，只要对自己的身体有自信，就能让精神更加强韧。看上去体格瘦小的人，如果在精神上已经很强大了，那也是可以的。

克服负面因素的勇气

　　那么，为什么要有勇气呢？这是因为，勇气是判断事物时所必需的非常重要的因素。经营企业时，如果能基于原理原则，以"什么才是正确的"这一基准进行判断，企业经营就能顺利开展。

　　但是，由于各种各样的牵制，我们在很多场合都无法运用"原理原则"，即"何谓正确"去判断事物。

　　例如需要收购一块土地以建设工厂时，有人会建议，"这一带的风土人情就是这样，需要准备礼物，需要给那个人面子"等。这样的话，我们就往往不会以"什么才是正确的？什么才是原理原则"为基准进行经营判断，而是试图满足对方的各种条件，尽可能不招惹麻烦，不起争端，圆滑地向前推动，并认为这样做才是真正的经营。

事实上，经营判断必须是基于原理原则的、自己认为正确的判断才行。可是，有了这样的基准就能做出判断了吗？那就把事情想得太简单了，因为这里面会有很多意想不到的条件出现。

在这种时候，需要的就是勇气，要用正确的方式贯彻正确的事情。比如说："不能做不讲理的事情；不能欺负弱小。"此外，还需要依据原理原则来冷静地对事物进行判断。

这样做，可能会给自己招来灾难，或是受到某种威胁，或是遭到他人的责难，被人敌视，受人轻视或愚弄，还有可能在组织内部遭到排斥。能够接受这一切的人，才是具备真正勇气的人。

只要以这样的勇气做出正确的判断，就能非常简单地推动事物顺利前进。

相反，如果大量罗列那些负面因素，并由此得出结论的话，反而会让事态复杂化，陷入无解的困境，这种情况经常会发生。这是领导者缺乏勇气所导致的问题。

为了做出"贯彻原理原则的出色判断"，勇气是必需的。没有勇气的人，无法做出正确的判断。心怀恐惧就无法做出正确判断，希望大家将这一点铭刻在心。

不能有卑怯的举止

我还想讲一个需要勇气的理由。

在需要做决定的时候，领导者如果在应对时缺乏勇气，不敢正面面对，或者说犹豫不决，心怀恐惧的话，一眼就能被看出来。结果很快就会失去部下的信任，被部下瞧不起："原来只是那种水平的人啊。"

而且，这种领导者的部下是不会拼命努力的，也不会将自己卑怯的举止视作耻辱。如果领导者对部下说："为什么这个地方不再坚持一下？"对方会回答："再坚持下去就是傻瓜了，不需要继续吃这个苦头。"

也就是说，部下将会把妥协视为理所当然。

本来，我们应该教导部下："妥协只能是万不得已的，决不能随便妥协。"但部下却将妥协视为处世之术、待人接物之法。

确实，在凡尘俗世中，不能只讲道理。偶尔还不得不妥协。但是，妥协决不能经常做。领导者往往没有将这一点正确地传达给部下。

尤其是领导者一旦有卑怯的举止，部下马上就能敏锐地捕捉到，就会不再尊敬自己的上司。而且他们自己也会想，"原来只要这样就能解决问题"，以后就只会采用投机取巧的办法了。

就是说，部下会觉得："卑怯的举止好像也没什么问题，自己的上司、领导，自己公司的社长都不是有勇气的人，自己就更不必要有勇气，去逞什么能了，根本没必要自讨苦吃。"

大家都是经营者，我真心希望，我所说的卑怯举止，决不要在大家身上出现。

知识、见识、胆识

我一直对大家说："经营者要拓展事业，需要具备各种各样的知识，但同时必须具备见识。"也就是说，必须把知识提升到见识的层次上来。

那么，把自己的思考提升到见识的层次具体是指什么呢？那就是，不仅仅是知道，而是要将其提升到信念的层次。所谓见识，就是上升到信念层次的知识。

还有一点，仅仅停留在见识的层面也不行，接下来还有一个层次。作为经营者这样的领导人，还必须具备胆识。所谓胆识，就是兼具胆力和见识。也就是说，提升到信念高度的知识和胆力，就叫作胆识。

"他讲起话来确实像那么回事，但从来只说不做"，这样的人叫好逞口舌之徒。但如果能将自己所讲的道理提升到信念的高度，就变成了有见识的人。

如果能再往前走一步，"自己觉得应该做成那样，并将这种想法提升到信念的高度，然后能将其实现"，这就叫作胆识。能讲述自己的想法，并将其变成现实的人，就是具备胆识的人。

当知识被提升到信念的高度时，就能用这个知识进行分辨。在分析和判断事物时，这个知识就能起作用。也就是说，在判断事物是好是坏的时候，见识就会发挥作用。但仅靠见识还无法到达实施的阶段，这时候需要用胆力，将事情实施下去，这就是胆识。

所谓胆力，实际上就是勇气。人因为过度保护自己，才会失去勇气。担心"会不会受人非议？会不会被人嘲笑？会不会让人讨厌"这些都是过度自我保护的心态。

不过多地考虑自己，把自己豁出去，做到"不管别人嘲笑，还是蔑视，我都不在意"，这就是具备了勇气，也就是具备了胆力。

真正的勇气要在实战中发挥

让"胆小谨慎"的人走上战场

领导者必须具备勇气，我甚至认为，那些精明乖巧的人当不了领导。如果精明乖巧的人被选为领导人，一定会导致巨大的失败，这一点毫无疑问。

我们自己的孩子也是一样，聪明伶俐的孩子往往不容易成功。如果遇到失败时，无法坦率地说出"爸爸，是我做得不好"这样的话，就无法取得成功。

如果自己的孩子是一个经常找借口、无法直面问题的人，那么就不能让他继承企业。不管怎么说，找借口，大体上总是出于卑怯。

如果将缺乏勇气的人选为继承者，就会导致公司破产。不仅会导致公司破产，恐怕还会让留下的员工遭受不幸，因为这样的人往往都想着只要自己好就行了。如果船沉了，这种人想的一定是只要自己得救就行。

让缺乏勇气的人成为经营者是最糟糕的事情。如果不是缜密、细腻、能够对要判断的事物前思后想，并能正确判断其善恶的人，是无法成为经营者的。

那些谨小慎微却直觉灵敏的"胆小鬼"，如果性格沉稳，非常认真努力，倒会是很好的人选。让这样的人在实际工作中磨炼摔打，从而具备勇气，进而成为比较理想的人选。

如果让原本就粗枝大叶，只有蛮勇的人成为经营者，经营也会变得粗糙。所以，应尽量选择原本就诚实稳重、知所先后、有常识、有见识的"胆小鬼"走上战场。

通过工作的磨炼让这样的人具备气魄。所谓战场，就是严酷的工作环境，要让这种人在其中学会如何做出决定，积累经验。

塑造真正的气魄

在这里，我想介绍一下大阪船场的商人。

据说在船场的商店中，都是由店主负责采购，即便销售交给掌柜负责，采购也会由店主亲自负责。据说店主都干劲十足，为把采购价格压到最低，彻底展开竞争。为什么会这样呢？因为这是利润的来源。

在销售方面，A 和 B 都是同样的价格，只有把售价降得比较低才能卖得出去。所以如果商品的采购价格高，那么生意就会赚不到钱。

所以才有了"采购不能交给掌柜，只能我自己干"的做法。这种所谓的"船场商法"，是滋贺县的近江商人创造出来的，蕴含着他们的干劲儿和对利润的执着。

我们应该让企业候补继承人执行这个"船场商法"。对他说，"你自己想办法去和供应商交涉一下"，让他负责采购。而采购价格必须不断降低，杀到底才行。

但对方也是逐利的，会顽固地抵制，"不行了，不管你怎么说，都不能再便宜了"，"没法再降了"。同时，对方也会说奉承话，想办法让买方心里舒服。

这样一来，买方会觉得自己不能太绝情，把价格谈到一定程度就妥协了，为了让自己有面子而妥协了。在这样一个积累经验的过程中，我们会看到，缺乏勇气的人往往容易妥协。这种时候我经常会说，妥协实际上就是逃跑。

"跟对方商谈时，别人都是不断前进，而你却因为没有勇气而逃了回来。"

这时我还会更加气势汹汹地对他们说："一定要逃跑也行，但我会拿着机关枪打你们，逃回来也得被我打死，但如果你们能击败敌人，倒是还有可能逃走。"

我会对他们怒吼："我们不需要你这样的家伙。你这样的家伙，根本没用！"

"你已经大学毕业 10 年了，怎么还这么蠢！"

这样一来，大家就没法临阵脱逃了，只好一路向前冲。所以，决不能容忍逃跑，要把大家逼入战场。

有过多次这种体验的人，可以说经历了战场的考验，因此具备了气魄和胆识。当然，这个战场不是吵架的地方，而是工作实战、实务的场合。

就像这样，原本诚实稳重、人格宽厚的人，通过在战场中实战，积累经验，从而具备真正的胆略和气魄。我认为，这样的人应该可以真正地做好自己的工作。

经营需要垂直攀登 ① 的勇气

"不说人话" 的勇气

我经常会询问各位经营者："你的公司销售额是多少？利润率是多少？"那些盈亏平衡点比较高的公司，不管经常利润还是营业利润，都只有几个百分点。

要让我说的话，2% ～ 3% 的利润，实在不能算是利润。我反复跟大家强调这一点。确实，大家一般都会说，想要实现 2% ～ 3% 的利润就已经不容易了，能实现就不错了。但是，只能实现这种最低限度利润的公司，在遇到不景气的时候会非常脆弱，不堪一击。

别人可能会说，"这样就太不合理了"，但我认为，至少也要有 7% ～ 8% 的利润，可能的话，最好以 10% 为目标，要努力实现 10% 以上的利润。

必须趁着大环境比较好的时候，努力实现这样的利润，以改善和增强企业的体质。如果忽视这一点，在大环境变差，销售额下跌时，企业马上就会陷入亏损状态。

但我觉得，大部分企业都没有做好这样的准备，结果当然就是一旦销售额减少，很快就会亏损，最后不得不彻底地进行合理化。

就日本而言，人工费往往是不能削减的，只能削减其他费用。这时已经顾不上什么体面了，反倒能彻底地削减费用。

在经济环境好的时候，这往往是做不到的，因为周围会有很多反对的声音。但在遇到不景气、大家日子都不好过的时候，往往就可以不顾体面地彻底削减费用。通过彻底削减费用，降低盈亏平衡点。这种时候，大家都会予以理解，因为陷入了亏损，已经顾不了太多不得不这样做了。

接下来，大环境会逐渐恢复。这时，一定要想办法，绝对不能让费用上升。

一定要回想起当时削减费用的痛苦，对费用的增加严防死守。因为如果放任不管，费用马上又会增长，所以，削减费用是一件极其困难的事情。

我们必须有一种坚定的姿态："经历了艰难困苦的时期，无论如何不想再经历一次，所以在大环境好转的时候，尽管销售额增加了，但绝不允许增加费用。"无论如何都要全力以赴地把盈亏平衡点降下来。

听我这么说，大家都会想："原来是这样，那我们公司也要这么干。"但事实上，这很难执行下去。为什么会这样呢？因为我们都不愿意说招人讨厌的话，我想在大家的公司里也是这样的。

如今，日本已经变成一个没有人愿意讲招人讨厌的话的社会。所以，企业发展的停滞难以打破，这个时候，需要的就是勇气。但具备真正勇气的人，在日本社会中已经非常罕见。在公司内部也是一样，如果想要削减费用，一定会被视为"不干人事"。大家都不想遭员工怨恨，所以就越来越干不了这些事情。

社长一旦宣布"大幅度削减费用，开展内部改革"，就要做好被责难的心理准备。大家会说："一直觉得我们社长是个好人，竟然说出这样绝情的话。"我想问问大家，还有这样的勇气吗？正因为缺乏这样的勇气，所以合理化的努力往往会半途而废。

因此，我们必须严格到这种程度，必须具备这种"不说人话，不干人事"的气魄，领导人必须具备这样的勇气。

与工会的斗争

当年，我来到京都就职时仅仅是一介职员，却有主任的头衔。但是，这个头衔并不是公司组织上的正式管理职务。因为我像个傻瓜一样拼命工作，所以上司对我说"你现在就是主任了"，给我挂了个这样的名头，为的是让我承担责任，仅此而已。

就在这个时期，公司亏损严重，经营困难，内部充满了颓废的气氛。工会非常强势，什么事情都要和管理层对抗，在员工们看来，这似乎还是勇敢的表现。公司当时就处在这么一种不正常的状态。所以，公司的经营者和管理层威信扫地，而大多数工会干部又油腔滑调，趋炎附势，谁都不愿对企业负责。工会干部中，真正讲道理、有气魄的人一个都没有。

因为不景气，公司当然是亏损的。但就在这样一家亏损企业里，大家每天却都会加班两小时左右。即使没有工作，大家也都会拖拖拉拉地留在公司。我实在看不下去，宣布禁止加班。按理来说，这样的事可能要由公司的人事部门来宣布，而我这么一说，导致自己部门的员工都群情激愤，都说实在是岂有此理。

正好在这时，我研发并试产的产品开始走上正轨。于是我对大家说："这次我一定要让这个产品成功，到时候我会让大家忙到'不想再加班'的程度，现在还是希望大家按时完成自己的工作，准时下班。"

"为什么要这样做呢？因为如果大家拖泥带水地工作，就会让我研发的这个产品的试产成本增加。我们只有降低产品成本才能让公司赢利。只有产生利润，才能进一步赚钱。所以无论如何请大家工作不要拖拖拉拉，避免增加人工费，请大家都按时下班回家吧。"

结果，我在部门中成了众矢之的，受到了强烈抵制，还把我告到了工会。工会干部马上就到我这里来，对我说："你这家伙又不是什么干部，自说自话说自己是什么主任，公司的组织里根本没这个职位，你就是个去年刚大学毕业的普通员工。"

"你们部门的员工都是已经在这个公司工作了一二

十年的人。公司有 500 人，大家每天都加班两小时，没人说过不行。而你却不让自己部门这 20 人加班，凭什么？"

如此这般，工会对我大发雷霆，但即便如此，我还是坚持"不许加班"，最后导致了巨大的问题。

工会组织了对我的"人民审判"。他们在公司院子里搭了一个台子，让我站到上面，接受大家的批斗。

哪怕成为众矢之的也决不妥协

这个时候，公司宿舍里有一位比我年长 5 岁的前辈，我将自己的苦闷向他倾诉："搞不懂为什么我要受这样的批斗？"这位前辈对我说："你这家伙知道自己在干什么吗？你应该妥协，让大家高兴，这样你的人生才能顺利。像你这样老是说些招人讨厌的话，人生一定不会顺利的。公司所有人都说你不正常。"

他诚恳地告诫我："像你这样乡下来的人，不懂人情世故，所以才会讲那些蠢话，让自己吃苦头。你要懂得人情世故才行。"

尽管他态度诚恳地告诫我，但我却无法认同。无论如何我都认为："这不对啊，我讲的是对的，哪怕全公司的人都批斗我，我还是认为我讲的东西是对的。我不打算改变自己的意见，也不打算妥协。"

当时我还没有结婚，但我却深切地期望，未来的妻子能和我有一样的想法，即便被认为"你是个笨蛋"也不以为然。用登山的语言来讲，希望她能将我视作一个"垂直攀登"的人。我真心希望，能和这样的人共度一生。

比如，抱着"想要登上那座山，想要到达顶峰"的想法行动时，可能有的人会从山脚下的某个地方迂回攀登，避开陡峭的斜坡，慢慢地、一点一点地爬上去。

但我却想要直线攀登，必定会面对绝壁。我想要成为垂直攀登这座绝壁的傻瓜，面对真正垂直的岩壁，还想要从此处直线攀登。

跟在我身后的人都心惊胆战，于是纷纷打起了退堂鼓。垂直攀登悬崖绝壁，这种鲁莽的行为实在太过危险，于是大家都放弃了，最后只剩下我一个人。

这样做真的对吗？就像那位前辈所言，做一些妥协和迂回或许会更好，恐怕大家都会这么做吧。但如果开始时就抱着"因为无法垂直攀登，所以就迂回着攀爬"的想法，恐怕走着走着就会迷失方向，搞不清哪里是上，哪里是下。甚至在一个地方打转，却自以为还在向上攀登。

不知不觉中时间流逝，行将就木时才发现：自己一直在原地徘徊，根本没有前进。没有前进不说，临死前多半还会安慰自己："我做到了，毕竟还是走到这里了。"

用垂直攀登逼迫自己

就是说，虽然立下了要向顶峰攀登的志向，但由于这种追求极致的活法过于辛苦，于是不得不一边妥协以减少周围的阻力，一边慢慢攀登。

在避难就易的过程中，逐渐忘却了最初登顶的志向，在浑浑噩噩中走到人生尽头时，恐怕还会煞有介事地自言自语"我还是努力到今天了"，聊以自我安慰。

所以，我们应该这样去思考："像我这样的凡人，既没有顽强的毅力，又没有坚强的人格，一定会选择安逸的道路，结果就会轻易堕落。所以，仅仅出于不让自己堕落这一目的，我也要垂直攀登，用这种果敢的挑战，断却自己的退路。"

　　由于攀登的角度过于笔直，所以甚至连落脚点都没有。不仅如此，攀登者还没有任何登山的经验，手中既没有冰杖也没有岩钉。穿着胶鞋的年轻人即便手足并用，拼命攀爬，也很难前进。既使摔个踉跄也不断攀登，很快就没人追随了。

　　这时，我能想到的是，至少也要娶个"即便众叛亲离，我也支持你"的太太。大家都因为我被批斗而逃离，可能我最终也会爬不上去。即便如此，如果有一个人能对我说"即便众叛亲离，我也支持你"，只要有这么一个人，我觉得自己应该还是可以爬上去的。

　　这样的"垂直攀登"的确需要勇气。但不这么做，就无法发起改革。无论是现在的政治改革、行政改革、社会变革，还是公司内部改变风气、削减费用的改革，都必须做招人讨厌的事情，甚至必须做可能会导致众叛亲离、千夫所指的事情，要做到这一点，就需要极大的勇气。

　　我在身为一介普通员工的时候，就是这么想的，哪怕一生都无法得到大家的理解，我也认了。我下定决心，勇往直前，将自己逼入无路可逃、只能垂直攀登的绝境。这成为我后来创立京瓷和第二电电^②（现KDDI）的基础。

小善是大恶，大善似无情

兼具关爱和严厉

最后，还要讲一个领导者的条件。如果对于部下提出的建议和意见，仅仅"很好，很好"地予以认可，是一定无法经营好企业的。如果不能在充满关爱之心的同时，兼具极度严厉的态度，就成不了大器，无法担任社长这一职位。不管多小的公司都是如此。

一个人如果不具备两种相互矛盾的思维方式，并让它们同时正常地发挥功效，就不能成为经营者。只懂仁爱谦让的社长无法真正经营好企业，而仅仅有严厉的态度，则不会有人追随。如果不能将两者融为一体，就无法成为真正的经营者。

我经常讲述"善"的重要性。大家也因此被吸引，来听我讲课。我一直倡导：必须遵循充满人情味、亲切、正确的活法，对于这一思维方式，大家都予以赞同并将其付诸实践。

就是这样慈爱、优秀的经营者，在公司因不景气而可能陷入亏损时，会喊出"给我削减费用"，会像魔鬼一样毫无顾忌地出手。这样一来，周围的人会说："明明一直都那么慈爱的社长，怎么会变成这样，简直像有双重人格一样。"

但我认为，这么做是对的。一旦公司经营陷入危机，就必须以魔鬼般的面目，雷厉风行地快刀斩乱麻。这跟前面讲过的垂直攀登是一个道理。即便千夫所指，我希望大家也要以"虽千万人，吾往矣"的气概自我激励，勇往直前。

相反，因无法忍受别人的责难，所以敷衍塞责、逐渐妥协，这才是问题。社长和董事之间，往往也充满了各种妥协，甚至无法交流任何真实的想法。

董事会认为"如果说了这样的话，社长一定会发火"，就总是报喜不报忧。而社长也觉得："讲了这样的话，对方就不喜欢我了"，也就无法严格要求董事。这种情形非常普遍。

前面说过，我当时受到了大家的批斗。一般而言，遭受这种挫折的时候，人会失去自信，被磨得很圆滑，渐渐懂得妥协。人会因此而变得卑怯、圆滑起来，这就是堕落的开始。

有的人一直被称赞为"好好社长"，但由于突然发生了巨大的改变，被指责"真不是人"，所以无法忍受。

"我们的社长肯定是双重人格，以前说的话都是骗人的。""社长就是想利用我们，所以才说以前的那些话，根本就是一个阴险狡诈的人。"

因为不想被人想成这样，所以往往就无法坚持原则，严格要求了。

这是绝对不行的。我认为称职的经营者，既需要用善言去鼓励人的善行，将别人的欢乐视为自己的欢乐，将别人的悲伤视为自己的悲伤，与此同时，他也必须具备必要的严厉。

严格就是大善

这一点，可以用佛教教义的"小善是大恶，大善似无情"来进行说明。

对员工一味和颜悦色地说"好的，好的"，宠溺员工，就是所谓的小善，这会让员工放任自流，让企业费用增加，体质下降，一遇不景气就毫无抵抗之力。真正遇到经济危机时，公司就会倒闭，上百名员工就会流落街头。

这样做看起来是对员工和颜悦色，看起来是行了小善，但实际上这难道不是大恶吗？我绝不行这样的小善，不能老是"好啊，好啊"地一味放任。

所谓大善，往往看起来很无情。狮子会把小狮子推入深谷，让它们自己爬上来。就像俗话所说，喜欢孩子就让他出门远游。大家往往都认为，让可爱的孩子出远门的父母，似乎是"严厉无情的"。但实际上，这对孩子的成长有巨大的帮助，是一种大善。

所以，如果不知道小善和大善的真正意义，事到临头自信就会动摇。我们需要拥有这样的自信："我现在的严格要求是大善的行为。"只要心里知道，"在凡人眼里看来，可能是无情，但实际上这是大善"，就不会恐惧。进行改革时，如果不能创造畅所欲言的环境，改革就无法顺利推进。

比如，要修改过时的法律时，不论问谁，对方都会说："这种明治时代修订的过时法律早就无法适应现在这个时代了，早就应该废止了。"但是，这个法律一旦废止，可能会导致很多人流落街头，会被骂"不干人事"。很多人都无法承受这种压力，不想干那些招人讨厌的事情，所以改革才无法推进。

公司内部管理也是一样，如果社长不被员工讨厌，那谁该被员工讨厌呢？管理职位上的那些家伙，老想着讨好员工。我想说，直接经营企业、拥有企业股权的经营者如果都不被员工讨厌的话，那么还有谁该被员工讨厌呢？

从根本上而言，社长必须成为受大家信赖和仰慕的人，但偶尔也要能说一些严厉且招人讨厌的话。需要以"为了行大善，必须垂直攀登"的心态，敢于招人讨厌。

这是为什么呢？因为如果逃避垂直攀登，就一定会被自己好逸恶劳的本能推向堕落。经营者自己堕落，就意味着无法养活众多员工。

为了不让员工们流落街头，我一直严格对待各位经营者。就是说，如果仅仅满足于做个好人的话，反而会搞垮企业，让员工流落街头。我不希望大家遭遇这种悲惨境遇。为了帮助大家，我有意严格对待大家，这样做才是大善。

第四章

强烈的愿望和不懈的努力

"无论如何都想干成这样"的强烈愿望

设定目标时要相信自己的无限可能性

不管是创业者还是第二代经营者，各位经营者想把自己的公司经营成什么样子，这样的愿望非常重要。"胸中怀有强烈的愿望"，怀抱"渗透至潜意识的强烈而持久的愿望"比什么都重要。

这种愿望不是那种"如果能这样就好了"的随便想想，而是"无论如何想做成那样""哪怕天上下刀子，也要干成那样"的强烈愿望。

这样的愿望也可以是企业经营的具体目标。例如"销售额要达到那样，利润要达到那种程度"等，需要将愿望变成具体而鲜明的目标。如果说"从父亲那里继承的公司有 30 名员工。因为他们愿意追随我，所以我也希望能满足他们的期待"，那么就要描绘蓝图。

当然，不只是树立一个目标，而是要制定实现这个目标所需的全部实践项目，这个时候，我希望大家能明确提出自己的理想。

如果认为"现在只是一家乡下小企业，设定远大目标也没什么用"，那是不行的。即便只是经营一家乡下的小企业，也应该提出"自己要花一生去经营，想要经营成什么样子"的理想。

所谓制定目标本来就不应该事先设定制约条件，不能抱有"现在既没有资本，也没有人才，只有自己、弟弟以及另一个员工三个人，设定远大的目标也没什么用"之类的想法。我希望大家可以天马行空，以更自由的想象，不断前进。

虽然以天马行空的自由想象描绘了目标，但如果抱着"这根本不可能达成"的想法，那是不行的。我们必须相信自己具备无限可能性。

大家必须相信："我的身上潜藏着无限可能性，虽然现在仍未散发光彩，但迟早有一天绝对会大放异彩。"

同时也必须具备"目标虽然现在看起来遥不可及，但我认定的目标都是可以实现的"这样的气概。

如果真想实现就不要找借口

我在京都市中京区西之京原町③借用宫木电机的仓库创办京瓷公司时，对经营根本一窍不通。但我还是对仅有的27名员工们宣布，"我们首先要成为原町第一"。

当时，经过西大路街进入我们公司的那个路口旁，就有一家很大的汽车部件锻造工厂。他们从早到晚，日夜不停地把钢铁锻造成型，锻造机械不停运转，火花四溅，发出"咚咚咚"的声音。我们公司是新成立的，所以同样也是夜以继日地拼命努力，每当我深夜路过时，总是看到这家工厂还在生产。

坦率地说，那时候我就已经感受到，即使只是要实现成为"原町第一"的目标，也绝不是一件简单的事情。但我仍然向大家全情诉说，我们成为原町第一后，要"成为西之京第一"，还要"成为中京区第一，京都市第一"，"成为京都市第一后，还要成为日本第一。成为日本第一后，还要成为世界第一"。

这才是愿望。我每天都在思考如何实现自己的愿望。当然，并不是含糊笼统地想着要成为世界第一，而是思考，"要成为世界第一，现在的工作就要这么去做，做成这样"。没有具体的措施是不行的。

接下来，要把这种愿望提升到"无论如何都想做成那样"的强烈愿望。不能为自己寻找"虽然这么想，但现在经济不好，所以无法实现"之类的借口。

我想对大家说，不管天上下刀子也好，下雪也好，下雨也好，如果真的想实现愿望就不要找借口。所谓愿望，绝不是那种"只要一切顺利，希望能做到那种程度"的浅薄的愿望。

从根本上说，所谓愿望，就是自己的"意志"，就是"想干到那种程度"的强烈"意志"。说得极端一点，所谓经营，完全是由当事人的意志所决定的。因此，如果意志不够坚定，就无法从事经营。

如果领导者胸怀"想干成那样，无论如何都想干成那样"的意志，那就能心想事成。对于经营者而言，必须具备"不管发生什么，也要以自己强烈的意志去达成目标"的执着。

要做到这一点，仅仅靠争强好胜、性格强硬是不行的。我其实很胆小，但正因为惧怕失败所以才拼命努力，这恐怕反而成了好事。

胸怀渗透至潜意识的强烈而持久的愿望

人的潜意识和显意识

大家需要胸怀这种强烈的意志，一天到晚不停地思考"如何把公司发展成那个样子"。这样的话，这种意志就会渗透进我们的潜意识。我现在用显意识清醒地说话。那么与此相对应的潜意识到底是什么呢？要体验潜意识，汽车驾驶就是一个非常好的参考。

为了学会驾驶汽车，我们在驾校学习时，会努力用显意识去记住如何开车。比如，老师会说："先手握方向盘，脚踩离合器，这样换挡。"我们会将这些话一一用大脑思考和判断，并指挥自己的手脚。

但是，因为要同时使用左手和右脚，所以会手忙脚乱，从大脑发出指令，指挥右脚踩刹车，左脚踩离合器，结果却老是配合不起来，这让驾校老师大为光火。

　　我想大家应该都是一样的，在练习开车、学习驾驶时觉得身心俱疲。我到现在还记得，刚刚拿到驾照，星期天开车带家人出去游玩，当车开进死胡同时，由于不会倒车，心中充满了恐惧。

　　总之一直神经紧张，光是把家人送到游乐园就已经让我累得够呛。不仅无法享受游玩的乐趣，而且一想到回程会因塞车而难以驾驶就让我心神不宁。我记得那一天真的是精疲力竭。

　　但如果是像大家这样有好几年驾龄、已经完全习惯车辆驾驶的人，即使出远门连续开几个小时也不会疲劳。这是因为我们已经用潜意识在驾驶了。用潜意识驾驶时，我们不用思考，就会自然而然地用左脚踩离合器，用左手换挡（日本车辆是左手换挡。——译者注），用右脚踩刹车等。这些全部都是由潜意识完成的。

　　应该有人有这样比较极端的经验，一边开车一边思考工作的事，回过神来时发现刚才很危险，这就是潜意识作用的结果。即使一边想着完全无关的事情，一边也能开车。也就是说，清醒的显意识在思考其他事情，驾驶这件事则由潜意识操控。这是一个使用潜意识的简单易懂的例子。

反复思考的东西会出现在显意识中

人会记住从呱呱坠地到死亡之间的所有事情，这些都被记入潜意识。但是即使我们想有意识地回忆起这些事情往往也做不到。然而，如果施以催眠术将其唤起，就会发现其实我们记住了全部的事情。

潜藏在这个潜意识里的信息占了总体的十分之九，而反映在显意识里的只有十分之一。在这十分之九当中，只有那些反复记忆的事情和冲击性的体验会出现在显意识中。就像前面讲过的汽车驾驶一样，经常重复的事情，可以用显意识去支配。

同样，如果每天都以极其强烈的意志力去思考"我想把企业经营到这种程度"，这当然就会进入潜意识，与此同时，也会随时出现在显意识中。

那么这将会带来怎样的效果呢？答案是灵感。

拿我自己来说，我经常在自己心中描绘各种愿望，"希望能扩大事业规模，想如此去进行多元化"等。

我整天都在思考，"想要开展这样的新事业，但这不是我的专业，身边也没有相关的技术人员。如果有这样的技术人员，把他的技术和我的技术相结合，应该可以搞出有意思的产品。"

恰巧有机会我遇到自己的同学，他向自己的朋友介绍我："这是我的朋友，开办了一家叫京瓷的公司。"双方交换了名片后，我才发现，原来对方从事的就是与我思考的新事业相关的技术领域的工作。

我一直以来都在不断思考，工作内容早已进入了潜意识，所以双方话题很快就触及了这个内容，激发了我的灵感。因为在潜意识中已经有了记忆，所以一下子就触发了。

第二天，我就联系对方，"有些事情想跟您交流"，然后登门拜访，对他说，"不好意思，希望能更详细地了解您的工作内容"。最后邀请他，"请您一定加入我们的团队"，以三顾之礼，恳请对方加入我们公司。告诉他："如果您能来，我们可以一起开展这样的工作，一步一步做成那样，干出一番事业。"因为我每天都在思考，就像下围棋时已思考过几十步后的棋法，因此能滔滔不绝地进行说明，热情邀请对方加入。

　　如果没有强烈的愿望，在同学会上交换了名片，稍微聊上两句就会结束，不会产生什么灵感。在普通人看来，不过是普通朋友的简单交往和平淡无奇的相互介绍而已。

　　但是，当我们以渗透至潜意识的强烈愿望进行彻底思考后，这样的相遇就成了极好的缘分和机会。每天真刀真枪、全力以赴地工作，就会产生这样的结果。

只是一时想到的目标是无法执行的

　　所以我说，"胸中怀有强烈的愿望是经营的第一步"。而且，这种愿望必须是强烈而持久的。

　　我想，大家的部下，不管是专务、副社长、董事还是部长，都有各自的目标，"这个月要做这些事情，下个月要做那些事情"。但是，你去问一下具体的内容试试？当你问他："你下个月打算做什么？"对方往往会"嗯嗯"地答不上来。

　　大家在社长面前汇报月初的目标时，手里都拿着资料，所以只要照本宣科就能说出"做这个，做那个"。

但一周或十天后，你再去问他："你做了哪些工作了？"往往都不记得了。

如果是这种只在月初说一下的一时性目标，就不可能真正付诸实施，因为根本连记都没记住。目标必须牢记在心，随时可以脱口而出，对数字要有清晰的概念，这是理所当然的事情。不能把领导者的工作交给连数字都记不住的不靠谱的人。

经营者也是一样。如果记不住"这个月要达到多少销售额，要获得多少毛利"等，还要一页一页翻资料的话，经营就不可能成功。

总之，重要的是强烈而持久的愿望。所谓持久，就是每天都在思考。只要这样去做，愿望就一定能实现，事情就绝对能变得和我们心中所想的一样。这一点真实不虚。

脚踏实地、一步一步、坚实地努力

想找"更轻松的办法"就是失败的开始

对经营来说，接下来重要的就是"脚踏实地，一步一步，坚实地努力"。不管多么伟大的事业，也只能是一步一步扎扎实实努力积累的结果。小公司要获得订单，就必须从 50 万日元，甚至 10 万日元的订单开始，四处奔走，一张一张地争取。

拥有了"想干成这样"的强烈愿望，设定了"员工 1000 人，销售额 500 亿日元"的目标，但一整天奔波忙碌，却只拿到了 20 万日元的订单，还是社长本人亲自出马才拿到的。这时，就会感到不安，"500 亿的目标什么时候才能达成啊。"

但是，不管多么伟大的事业，都只能从一步一步扎扎实实的积累开始。

"设定了 500 亿日元的远大目标，但四处奔走一整天也只拿了 20 万日元的订单，这么下去根本没戏，有没有什么更简单的办法呢？"如果这么想的话，失败就开始了。这个想法就是犯错的原因。

不管多么宏伟、远大的目标，都需要如同将冥河河滩的石子一个一个地垒起来一样（"冥河河滩"是一个日本谚语，意为没有结果的、看不到尽头的努力。——译者注）让人备感煎熬的努力，但正是这种努力才可能成就伟业。

一步一个脚印的扎实努力可以成就伟业

我创业时，宫木电机的西枝先生不仅将工厂的仓库借给了我，还用 300 万日元的资本金帮我创办了公司，而且他还以自己的寓所为担保，为我从京都银行贷款 1000 万日元。西枝先生对我说："公司最后能成功的恐怕只有万分之一，公司这个东西虽然成立起来很简单，但绝大部分都会倒闭。"

他还说："你虽然是一个很好的技术人员，但你看上去不像一个优秀的经营者，我们这家公司估计会倒闭，到时候我的房子可能也会被银行收走。"但即便如此，他还是抵押了自己的房产，把钱借给了我。

我几乎不眠不休地拼命努力。因为我实在不愿给西枝先生添麻烦，希望能早日归还借款。但是，即使每年还款 100 万日元，还完 1000 万日元也需要十年。而且，尽管已经在设备上投入了 1000 万日元，却还是不够，如果要进一步进行设备投资，就需要 2000 万日元。

我将此事与西枝先生商量，他回答说："你脑子太笨了，现在公司有了利润，所以有债务也不要紧，可以向银行继续贷款。"

我对他说："现在已经背了 1000 万的贷款，光是这个就已经让人头痛了，还要继续贷款，简直不可想象。我绝对要把现在的贷款先还完。"听到这个，西枝先生说："你老是想着还钱是不行的。所谓企业家，就是只要事业能够赚钱，就要不断贷款，将事业尽可能扩大。"但我还是坚持先还完贷款，于是西枝先生无可奈何地说："你果然不是一个优秀的经营者。"

我当时觉得，如果将这 100 万日元每年不用于还贷而用于储蓄的话，10 年也只能积累 1000 万日元。离当时日本大企业动辄"数亿日元的内部留存"实在差之太远，是一个几乎不可能实现的数字。但是，现在京瓷的内部留存已经高达数千亿日元了。

一年存 100 万，十年就是 1000 万，要积累 1 个亿，单纯计算的话需要 100 年。当时我认为，在我的一生中都不可能为企业积累起 1 个亿的内部留存。我觉得京瓷无法成为一家很大的企业。

所以我决定，尽管担心"只能做到这种程度的话恐怕成不了什么大气候"，但仍要扎扎实实地积累这毫不起眼的每一步。因为我认为，要想成就伟大的事业，除了这种脚踏实地的努力以外，别无他法。即使想攀上高峰，人每次也只能跨出一步的距离。

"伟大的事业正是由这样一小步一小步积累起来的"，我这种认知所带来的结果是，京瓷现在的内部留存已经高达数千亿日元。大家都说"太了不起了"，但这不过是扎扎实实、一步一步努力的结果而已。只要坚持这样去做，途中就能积累起几何级数的力量。总而言之，重要的是决不放弃。

挑战别人认为做不到的事

用有言实行来逼迫自己

在美国华盛顿有一个"卡内基协会[④]"，我曾经担任过该协会的理事。它是"钢铁大王"安德鲁·卡内基创立的协会，在全世界拥有各种知名的尖端生物科技和天文物理等基础科学的研究所。

这个协会在其 1991 年《研究报告》年度报告书的开篇，引用了我的话："我们接下来将要挑战的事业，正是别人认为我们绝不可能做成的事。"

就是说，我们接下来想要挑战和成就的事业，正是大家认为"绝不可能干成"的事情。无论是我稻盛和夫这个人挑战的研发课题也好，还是企业经营的目标也好，都是如此。

挑战第二电电，就是一个明证。当时舆论都一边倒地认为，"这根本不可能实现"。大家都在背后议论纷纷："怎么可能对抗拥有巨大基础设施的 NTT ？像这样手持竹枪与其对抗，不用问就知道一定会被打得落花流水。"全日本的经营者都认为几乎不可能成功的事情，最后还是被我们干成了。在研发的领域也是一样。

我认为，在从事新事业的时候，"有言实行"的姿态非常重要。我孩提时代接受的教育中，有"修身"这一项。其中提到男子汉要不言实行，即"男子汉要默默地努力，不要老放在嘴上讲"，并将这一条视为男人的美德。

当我踏入社会开始工作时，突然意识到了这一条是有问题的。

"不言实行"这一条，难道不是谁都能做的吗？相反，有言实行的难度要高得多。为什么以前的人不提倡有言实行呢？

从此，我开始将有言实行贯彻到自己的人生中，我也努力开导干部们要有言实行。

我想再重复一次，什么才是有言实行呢？就是自己主动提出："我想这样去做，我想设定这样的目标。"这样一来，就用说出口的事情约束了自己。既然说出了口，如果做不到，就会觉得丢脸。这样，就能让自己进入到无论如何也要达成目标的状态中。

如果不说出口，本来能够完全做到的事情即使只做到了三分之一，也可以说是"做到了"。讲得极端一点，哪怕只比去年增长了 5%，也能说"我做到了"。

一旦有言实行，说出了"我要让公司增长 30%"的话，如果只增长了 20%，就要向大家道歉，"很抱歉没能达成"。而如果不主动说出口，结果增长了 20%，就能摆出了不起的样子说，"其他企业几乎没什么增长，我们却增长了 20%"。

只要做到有言实行，就能束缚自己，逼迫自己去完成目标。要做到这一点，精神不够强大是不行的。但即便如此，领导者和各个部门的负责人，还是必须有言实行。

设定明确的目标，并对达成目标的行动不断进行评估，这一点非常重要。只要这样去做，大家就找不到借口，这一点才是最重要的。

起跑时落后 14 千米的马拉松

刚刚创办京瓷时，我曾以马拉松比赛做比喻，对仅有的 27 名员工讲述什么是企业人的长跑比赛。

"对于企业人而言，企业经营就如同一场长达 42.195 千米的马拉松比赛，我们这家企业创立于昭和三十四年（1959 年）4 月 1 日，这一天就是我起跑的日子。"

昭和二十年（1945 年）8 月 15 日战争结束，从那一天起，日本企业开始投入新的比赛。昭和三十四年距那时已经过去了 14 年。

我对干部员工们说道："日本企业人的马拉松比赛在 14 年前就已经开始，可能大家对于这个 14 年没有概念，就是说马拉松比赛早已开始了，现在跑在最前面先头集团的是昭和二十年 8 月 15 日起跑的那些选手，他们已经先跑了 14 千米，而我现在才刚刚准备加入比赛。

"跑在先头集团中的那些人，有的是战前就经营企业的财阀系企业人，有的是原先担任旧财阀董事或部长等要职，在财阀解体后成立新公司，成为领导者的人。

他们都是以前跑过马拉松的老手。另外，还有那些在战后的一片混乱中崛起的暴发户，他们是新手。就是说，这些老手和新手在战争刚结束时就同时起跑了。在那之后，还有一些人陆陆续续起跑，先头集团已经先跑了 14 千米，到了昭和三十四年，我才刚刚起跑。"

我向大家说："先头集团已经到达了 14 千米的地方，而我对于企业人的马拉松没有任何经验。我大学毕业踏入社会的时间很短，经验也少，所以我想，无论如何先要全力奔跑。

"本来，我也没想到自己会参加这场企业人的马拉松比赛。我从乡下刚刚进城时，看到'好像在举办马拉松比赛'，于是站到路边看热闹，结果被人从后面推了一把，踉踉跄跄地跌入赛场，稀里糊涂，步履蹒跚地跑了起来。还有其他一些人也陆陆续续地加入了进来。因为比赛已经开始了，围观者觉得我似乎跑得不错，都给我加油鼓劲，催促我快跑，于是我没有办法，欲退不能，只好跑了起来。"

以"百米冲刺"的速度持续奔跑

既然已经跑了起来，当然不希望在比赛中丢脸，于是我如脱兔一般地向前飞奔。看到我这么跑，其他人对我说："你知道什么是马拉松吗？一开始就跑得这么快，跑个几百米就一定会气喘吁吁跑不动。马拉松的赛程有 42.195 千米，如果一开始就不留余力地奔跑，是跑不到终点的。"

但是，我却以百米冲刺的速度跑到了今天。虽然这对我来说已经是百米冲刺的速度了，但对于一流马拉松选手来说，可能只是他们长跑的正常速度。我如果以自己跑马拉松的速度慢慢悠悠地跑，根本就不可能跑出什么名堂。我认为，出发时就已经落后了 14 千米，如果再以自己长跑的速度去跑，那就根本连比赛都算不上了。

如果这样的话，参加比赛就没有意义了，所以我下定决心，即使中途倒下，我也要以百米冲刺的速度坚持奔跑。

但是，这样没过三个月，大家就已经不行了，于是纷纷对我说："你说的以百米冲刺的速度奔跑确实很有道理，但这样下去身体就受不了了，希望能改一改。"

这个时候，我又重提了一次马拉松比赛的比喻。

"你们说得没错。但是，我们从事的是精密陶瓷行业，这是一个与既有陶瓷产品完全不同的全新领域。凭借在这个领域的努力，我们希望成为原町第一的公司，成为原町第一后，要成为中京区第一，然后成为京都第一，接下来还要瞄准日本第一，世界第一。但是，我们这些人并没有了不起的智商。不仅脑子不是特别聪明，而且也不是特别有智慧，剩下来的唯一方法，就只有努力了。

"如果我们只是付出普普通通的努力，而这种努力程度大家都能做到，换句话说，就算别人不付出这样的努力，但别人脑子比我们好使得很多。如此一来，如果我们只是普普通通地努力，别说没法缩短这14千米的差距，恐怕这个差距还会进一步扩大。

"目前还请大家暂时保持这样的速度，如果我们超速奔跑，应该会看到与领先者之间的距离不断缩短，到那个时候，我们可以把速度降下来，现在我们还是继续努力吧！"

终于追上了先头集团！

所以我对大家说："目前还请大家努力保持这样的速度"，呼吁大家保持全力奔跑的状态。结果过了一段时间，这种状态就变成了常态，谁都不再提"稻盛先生，是不是要把速度降下来？"之类的话了。大家的身体已经完全习惯了这种速度，就以这种速度不断突破。

而且，我们这些人似乎还是有点能力的，在付出非同一般的努力之后，我们这些新手全力奔跑的速度似乎远远超过了马拉松选手的速度，公司得以快速成长发展。我们逐渐看到了曾经领先 14 千米的集团的背影，这样一来，我们信心大增，追赶时的心情就非常愉快了。而且，当第二集团中跑得较慢的选手离我们越来越近时，我们更是气势大涨。

我绝不会忘记，公司股票在大阪证券交易所上市前一天的景象。当时滋贺县的蒲生工厂⑤还是主力工厂，那里有一个操场。我们买来松木，在操场中央搭起一个高台，在操场上点燃几处篝火，铺上垫子，全体员工都席地而坐。

　　然后，我用操场正中央的大喇叭对大家说："明天我们就要在大阪证券交易所二部上市了，这将是非常有意义的一天。在这里，我想向大家表示感谢，正是因为大家的努力，我们才能走到今天。"

　　接着，我讲到创业时提到的那个马拉松的比喻，向大家呼吁："明天，我们就要追上第二集团了。但愿我们能跟跑并超越第二集团，成为在东京证券交易所一部上市的企业集团，追上第一集团。"

　　到那时为止，我们确实是超速奔跑的，证据就是原先14千米的差距一直在不断缩小，离先头集团越来越近。而现在，因为大家早已习惯了以这个速度奔跑，所以没人再说要把速度降下来之类的话了，全力奔跑变得理所当然了。

　　而且，大家越来越兴致高昂，进入了"让我们再跑快一点"的状态。结果，仅过了几年，我们就在东京证券交易所一部成功上市了。

　　大家可能还记得，当时京瓷的股价很快就超过了位列第一的索尼，创造了全日本最高的股价。此后，京瓷还打入了当时被认为是世界中心的"纽约马拉松"，在纽约证券交易所成功上市。

立志成为世界第一、日本第一时当然需要这样的气魄，但即便是立志成为小镇第一，也同样需要这样的气魄，否则不管在多小的小镇上，都难以成为第一。

挑战别人认为根本无法达成的、艰难的事业，其中蕴含着企业成功的关键。

注释

（1）垂直攀登

要达成高目标，就必须朝着这个目标勇往直前。以登山为例，即使遇到高耸的岩壁，也要笔直向前，朝着顶峰攀登。京瓷哲学强调，如果设定了高目标，就要沿着自己坚信的道路，一路向前突进，以"垂直攀登"的姿态挑战高目标。

（2）第二电电

在电子通信事业的民营化时成立的通信公司，通称DDI。1984年，稻盛和夫等人成立第二电电企划，1985年成为第二电电株式会社，以挑战者精神为企业的根基，由京瓷、索尼、牛尾电机、西科姆等225个股东出资成立。从第二电电成立的半年前开始，稻盛每个晚上都反复自问自答，自己参与电子通信事业是否"动机至善，私心了无"。经过近半年的苦苦思考，稻盛最终确信了自己动机纯正，于是着手设立公司。2000年，与国际通信的KDD、移动电话的IDO成功合并，成为KDDI株式会社。

（3）中京区西之京原町

京都陶瓷（现京瓷）创业之地。1959年4月1日，创立纪念典礼在总部工厂召开。当时的总部工厂是从宫木电机制作所租来的两栋旧楼。

（4）卡内基协会

英语正式名称为"Carnegie Institution for sciens"。1902年由"钢铁大王"安德鲁·卡内基设立的支持科学研究的财团。成立时的名称为华盛顿·卡内基协会

(Carnegie Institution of Washington)。现在，卡内基协会在植物生物学、发生生物学、天文学、材料科学、环境生态科学、地球行星科学等 6 个领域支持科学研究。

（5）蒲生工厂（现滋贺蒲生工厂）

京瓷公司的工厂之一，位于滋贺县东近江市，是京瓷公司的第一个正式工厂，于 1963 年正式启动。由于在这里开发的很多产品后来被其他工厂接管和量产，所以该工厂被称为"京瓷的母体工厂"。

第三部分

人生哲学是我的精神支柱

——西乡南洲翁的教诲始终伴随着我

第一章

敬天爱人的思想

敬天爱人的书法

　　我出生于鹿儿岛市的药师町，老家宅院就在鹿儿岛实业高中大门的正对面，而鹿儿岛实业高中就位于甲突川河畔。我出生在这里，小时候上的是西田小学，考初中时没考上鹿儿岛一中，进入了私立的鹿儿岛中学，后来从鹿儿岛玉龙高中毕业后考入鹿儿岛大学工学部应用化学专业，这也是我的最终学历。

　　在我 12 岁的时候，二战结束了。我在小学时期接受的是战前教育。我曾经向老师们问过很多西乡南洲[①]的事迹，所以有所了解，但并没有正式学习过。

　　现在回想起来，小学时我不怎么学习，整天在甲突川里捉鱼。在学校里我算是个孩子王，但绝不是最厉害的那种，只能算是一个中等的首领，但淘气程度却远超他人。

　　小学毕业时，没能考上鹿儿岛一中，进入了鹿儿岛中学。考大学时，虽然在老师的鼓励下报考了大阪大学，结果也失败了，进入了鹿儿岛大学。大学毕业就职考试时，报考过两三家大企业，结果哪家都没考上。

那时，我以愤世嫉俗的眼光看待世界，觉得今后无法进入大企业工作，流露出自暴自弃的倾向。班主任老师很是担心，为我介绍了京都的一家陶瓷公司，这家企业收留了我，那是我第一次踏入社会。

所以，我认为自己就是一个长于乡村、随处可见的普通年轻人。这样一个年轻人就这样进入了这家陶瓷公司。这是一家从战后就持续亏损的公司，第一个月就没能按时领到工资，别人告诉我，"再等一周吧"。

在这家公司里，我想要逃避痛苦的现实，于是不得不全身心投入自己不擅长的精密陶瓷研究。我并不怎么优秀，但当我全身心投入工作时，研究进展得非常顺利，取得了一个又一个优异的成果。

27 岁时，京都的多位恩人为我筹集了 300 万日元，成立了现在京瓷公司的前身——京都陶瓷株式会社。但是，光有 300 万日元还不够，又有人帮我从银行贷款 1000 万日元。这位恩人对我说："稻盛先生，为了让你以迄今为止的研究为基础，取得更好的研究成果，成就一家优秀的企业，所以为你创造了这个基础，请你多多努力。"

正因为遇到了这些了不起的恩人，我才开始了企业经营。当时，我仅有 15000 日元。但却有人不仅为我筹集了 300 万日元的资本金，成立了公司，而且还有人以自己的寓所为抵押，从银行为我借来了 1000 万日元，我感受到了巨大的责任。

我当时 27 岁，技术出身，擅长研究开发、技术开发。由于在之前的公司里指挥过五六十名员工生产制造精密陶瓷产品，所以我觉得自己还是会用人的。

但是，从公司开始运营的那一天起，不管是比我年轻的人，还是比我年长的人，都来问我："这么做可以吗？想做这样的事情，您看可以吗？"我没有经营过企业，身边也没人能教我企业经营的方法，所以我非常烦恼。

当时公司刚刚成立，正好那位帮助我创办企业的恩人出差回来，他给我带来了西乡南洲的书法"敬天爱人"。

我记得孩提时代，常在城山的岩崎谷隧道上看到这幅"敬天爱人"的书法，母校西田小学的校长室里也挂着这幅"敬天爱人"的书法，所以我十分高兴。恩人对我说："看到了稻盛先生故乡的老前辈西乡南洲的书法，特地为稻盛先生买来了。"

我马上把这幅"敬天爱人"的书法拿到裱糊店里装裱后，挂到公司仅有的一间会客室里。当时，我还仅仅只是感到了这位帮我创办企业的恩人的厚意以及对于自小就很熟悉的故乡伟人西乡南洲书法的亲切。将其挂在会客室里后，我又投入到了工作中。

以"作为人，何谓正确？"作为判断基准

就像前面讲过的那样，从公司成立的那一刻开始，比我年长的人也好，比我年轻的人也好，都来要求我做出经营判断。直到这时我才明白，领导人要告诉部下："这个可以做，那个不能做；这个应该这么做，那个应该那么做。"做出这些判断，是领导人的责任。

但是，我并没有做出这些判断所需要的基准。谁都没有教过我，"经营是这样一回事，遇到这种情况要这么去判断"等。

为此，我感到非常头痛。如果我的判断出错，就可能把别人帮我好不容易成立的公司搞破产，让一开始

就和我一起工作的员工流落街头。我非常担心会发生这样的事情，为此辗转反侧，夜不能寐。"自己作为领导人，一举手，一投足，都可能会决定公司的命运"，越是想到这一点，我就越担心。

但即便如此，我还是不得不做出判断。苦思冥想后，我想起了孩提时代做了坏事时，父母会经常斥责我不应该做哪些坏事；也想起小学时代，老师教导我们"应该做的好事，不应该做的坏事"。

我告诉员工："我将以'作为人，何谓正确'作为判断基准，来做出公司的经营判断。可能大家会认为，这是一条过于简单的判断基准。但是，判断事物的基准不正应该是这样单纯明快、简单易懂的东西吗？所以，我决定将作为人应该做的正确的事情，以正确的方式贯彻到底，以此来推进自己的企业经营。"

我也以此反复告诫自己。自此，我就开始以这一判断基准经营企业。

就在这个时候，有一天我偶然间抬头，看到会客室里挂着的西乡南洲的书法"敬天爱人"，那时突然意识到，"这上面所写的敬天，就是遵循天道。西乡南洲倡导，要敬爱上天为我们指示的道路，将作为人该做的正确的事情践行下去。"我记得自己当时就意识到："虽然这个基准好像很幼稚，但这已经足够了。"

今天的京瓷，作为一家从事制造业的公司，已经成长为一家规模巨大的企业，在全世界有很多工厂，拥有数万名员工。但即使到了现在，这一点也没有发生任何改变。我们仍然坚持以当时"敬天"的理念，也就是敬奉天理，遵循天道来经营企业。

现在，不管在英语圈的国家、德语圈的国家，还是在拉丁美洲的国家，京瓷全球的所有工厂都在会客室或大门口挂上了"敬天爱人"的书法，这句话现在成为京瓷企业经营的核心。

混迷的时代呼唤敬天的思想

很多人在谈到企业经营时，会提到各种各样的战略或战术。但是，我始终坚持"以正确的为人之道来经营企业"这一最为单纯的基准，走到了今天。

现今这个时代，产业界、政界和官界的丑闻不断发生。看到这一切，我痛切地感受到，大家正在忘却贯彻正确的为人之道。正是因为由那些沉溺于方法策略的人来经营企业，所以才会发生很多丑闻。

再往前追溯一下，即使在被称为"资本主义的麦加"的美国，也有安然这种巨型能源企业，因为领导的财务造假行为，导致企业在短时间内破产。还有，我创办第二电电时曾经视为模板，后来发展成美国顶尖通信公司的世界通信，也因经营者引发的丑闻导致破产重建，陷入了极其困难的局面。

以此事为契机，美国证券交易委员会（SEC）为了杜绝这种丑闻，建立了许许多多的规则。因为大企业的领导者营私舞弊会导致企业在瞬间破产，让投资人、客户和员工陷入悲惨的状态，为了避免这样的事情发生，他们在企业治理（corporate governance）方面考虑了很多方法。

美国证券交易委员会将这种丑闻的发生解释为制度层面的不完善，所以他们制定了更严格的制度和规则，并对组织进行改造，以避免类似的造假事件再次发生。

但我认为，要真正避免这种丑闻的发生，实际上只需要贯彻"敬天"的思想，即"开展不让上天蒙羞的经营"，只需要做到这一点就可以了。我认为，越是在思想混迷的时代，就越应该重视西乡南洲的"敬天"思想。

揭示经营理念"追求全体员工物质和精神两方面的幸福"

在创办企业的第三年，正好是年底快要发奖金的时候，十几名当年 4 月录用的高中毕业的员工来到我面前，对我说："我们现在虽然进入了京都陶瓷公司，但当时根本不知道是这么一家破公司。"

当时帮助我成立公司的一位恩人，来自宫木电机这家企业。我们租用了宫木电机的仓库创办了企业。在面试新员工时，我们借用的是宫木电机的会客室。

这些高中毕业的员工对我说："我们还以为自己会在宫木电机工作，结果后面的仓库才是我们工作的公司。在这样的公司工作，我们对于将来感到很不安。所以公司无论如何也要承诺我们今年年底年终奖的金额、明年春天的加薪幅度，希望公司跟我们约定每年加薪的比例。"他们带着按了血手印的请愿书来到我的面前。

　　我对他们说："面试时不是跟你们说过了，那是宫木电机的会客室，我们的公司是后面的仓库。我们这家企业才刚刚成立，我每天都想着和大家一起共同努力，将它建成一家优秀企业，希望大家能给我力量，我一定会拼命努力，请大家跟着我一起来。当初不都是这么讲的吗？"

　　但不管我怎么说，他们都回答："我们从今往后的生活会怎么样？你到底能不能保证？如果不能保证，我们大家今天就一起辞职。"他们觉得，如果一起辞职，公司就办不下去了，这种做法可以说类似胁迫了。

　　但是，我一边做好了大家都辞职的心理准备，一边拼命努力说服他们。

　　"我无法承诺。因为这家公司未来会怎么样我也不知道。我自己内心其实也不安，每天都睡不着觉，希望大家能够理解。但是，我会比任何人都拼命努力来守护这个公司，一定把这个公司发展得更好，让你们的生活也越来越好。希望大家一定要理解我的诚意，如果我做出违背自己诚意的事情，你们可以杀了我。"

我连续三天三夜，努力说服他们。

结果，有一个人说，你既然都说到这个份儿上了，那我就相信你。有了第一个，就有第二个，最后全员都表示了理解，事情得以顺利解决。虽然如此，但我却深深后悔自己走上了企业经营这条路。我竟然承诺这些萍水相逢的人，要赌上性命保障他们的生活，这让我非常苦恼，当天晚上彻夜未眠。

然而，经过整晚的苦苦思考，我下定决心，把"所谓公司，就是要把员工的幸福放在第一位"当作自己的信念。第二天来到公司后，我就改写了京瓷公司的经营目的，将其从"让稻盛和夫的技术发扬光大"，改为"追求全体员工物质和精神两方面的幸福"。同时还提出，要为人类、社会的进步发展做出贡献。

一旦这样想了，心中就不再迷惑，决定以此为目的经营企业。这时，我一抬头，看到会客室里挂着的"敬天爱人"的书法。在这一瞬间，我才第一次理解了西乡南洲所言"爱人"的真髓，迄今为止我都坚守这一条。

第二章

公平无私的精神

身居高位者就要奉行天道

当回顾自己的人生时，我认为在实践层面完全可以这样说，正是因为不断对照自己的言行是否符合西乡南洲的思想，我才走到了今天。

记得正值公司成立 10 年前后，山形县庄内地区的客人来拜访我。

他们说："实际上山形县庄内地区的人非常爱戴西乡南洲先生，出版《西乡南洲遗训集》的不是萨摩人（西乡隆盛是萨摩藩人。——译者注），而是我们的前辈。我们想把这本书送给您。"这是我第一次拿到《西乡南洲遗训集》（以下简称《遗训集》）。

读完这本书之后，我再次认识到西乡南洲思想的纯粹高远，重新意识到他的思想对我的影响之大。在那之前，我仅仅是以"敬天爱人"这四个字为指导去经营企业，但西乡南洲的思想却远不止此。

在《遗训集》第 24 条中有这样的话："道者，天地自然之物。人行道，是为敬天。天佑众生，故当爱人如爱己也。"

如果研究西乡南洲自少年时期开始的人生轨迹，我们就会发现西乡南洲的这种爱人之心、仁者之心是一以贯之的。

他18岁当下层税吏时，就非常关注贫苦农民的生活窘状，甚至为了农民向当时的萨摩藩主提交了建议书。就是说，他这时就拥有关爱弱小的高贵善良之心。我觉得，他本来就是这样一个心灵高尚、拥有仁爱之心的人。

在《遗训集》第25条中，西乡南洲这样教导我们："不与人对，与天对。与天相对，尽己责而勿咎人，寻己诚之不足。"

此外，《遗训集》开篇第1条就有我奉为圭臬的教诲，我想给大家读一下："立庙堂为大政，乃行天道，不可些许挟私。秉公平，踏正道，广选贤人，举能者执政柄，即天意也。是故，确乎贤能者，即让己职。于国有勋然不堪任者而赏其官职，乃不善之最也。适者授官，功者赏禄，方惜才也。然，《尚书·仲虺之诰》有云：'德懋懋官，功懋懋赏'，德官相适，功赏相应，即此意乎？闻此言，翁欣然应之。"

这里讲的是，在政府中心从事国家治理工作，就犹如奉行天道一样，不能夹杂一丝一毫的私心。所以不论何事都该选秉持公平、依循正道、广举贤明之人，并让能忠实履行职务者执掌政权，这才是天意。

西乡想要说的是，若有真正贤明且适任之人，应该立即将自己的职位让出。所以，不管对国家有何等功勋，若将官职授予不胜任者以表彰其功绩，此为最大之不善。

南洲认为，应慎重选择适任之人授其官职，有功绩之人则赏其俸禄，这才是惜才之举。

读到这一段，我深感南洲讲述的虽然是政治家的为政之道，但不管是中小企业的经营者，还是其他小组织的领导人，身处最高位的人必须有这样的思想境界。

西乡南洲教导我们：领导者是奉行天道的人，所以不能"夹杂一丝一毫的私心"。所谓私心，即利己心，就是那些不应纳入考量的与自身相关的事情。

应该让勇于自我牺牲的人成为领导人

我记得在读到这段内容的时候，身体因激动而发抖。当时正值京瓷这家公司刚刚开始走上正轨之际，但内心仍然有巨大的不安，担心公司什么时候可能会面临破产的危机。我抱着决不能让员工流落街头的决心，拼命努力工作。

但我还是很烦恼。为什么呢？因为我百分之百地投入到了公司的工作中。当时我曾经想过这么一个问题，难道我就没有任何自己的个人时间吗？

就是说，不管是公司也好，其他团本也好，哪怕是政治团体也好，什么团体都可以，反正有那么一个组织。组织是一个无生命体，没有自己的意志或意识。但是，当组织的领导人将自己的意识或生命注入时，组织就具备了生机，就会苏醒过来。

我作为京瓷的社长，一天到晚不停地思考公司事务时，京瓷这个组织就是活着的，就拥有自己的意识。但是，当我回到家，回到个人状态时，企业就没有了相当于大脑的部分，进入了休眠状态。在这个时间段里，京瓷这个组织实际上就失去了意识。

我曾自问自答：如果我不是一天到晚思考公司事务，公司这个组织岂非就会无法发挥机能？如果这样的话，我岂不是无法拥有个人的时间？我觉得这实在太严酷了。在这样的自问自答中，我一度非常烦恼。

最终我得出了结论，我决定"尽量减少自己作为个人的时间，增加担任企业公职的公司社长，思考公司事务的时间"。即便牺牲自己所有的时间，牺牲自己的个人事务，也要将精力集中到公司事务上。在这个时候，我开始意识到，这就是领导人的义务。

如果组织的领导人只站在自己的立场思考问题，最后组织就会瓦解。只有那些始终光明正大、一门心思思考组织整体利益的人，也就是勇于自我牺牲的人，才能成为组织的领导人。

对于我所烦恼的问题，西乡南洲用他的语言教给了我答案。

不以升职犒劳，让适任之人担任要职

西乡南洲还说："于国有勋然不堪任者而赏其官职，乃不善之最也"，"有功绩之人则赏其俸禄，乃惜才之举也"。在我们经营中小企业时，这一条也完全适用。

和我共同创办企业且一直共同奋斗的人应该配以怎样的待遇呢？在还是小微企业时，往往只能找到与小微企业相匹配的人才。但是随着企业逐渐发展壮大，就会想要获得头脑更聪明、更优秀的人才，这种欲望会越来越强。

如果一直停留在中小企业的状态，可能没什么问题。但如果企业逐渐发展壮大，就会出现两种情况。

一种情况是：和自己一起创业、一路同甘共苦的干部们，随着企业的扩大，往往会成为副社长或专务董事。但是，原先销售额仅为一二亿的企业，逐渐成长为销售额为十亿、百亿、千亿的企业时，就需要高度的经营能力。

但我们假设，和自己一起创业、同甘共苦的有功之臣，并不适合担任领导职务，没有足够的能力，无法管理和守护现在这个千亿的企业。我们见过很多在不适任的情况下，仍然让其担任副社长或专务董事的职务，进而导致企业有破产之忧的案例。

还有一种情况：认为那些和自己甘苦与共、共同奋斗的伙伴层次不够，"靠这些人没法让我们公司变得优秀"，不再让他们担任重要职务，而是不断录用毕业于欧美大学、取得 MBA 学位、掌握各种先进经营技巧的人，让他们担任要职。"明明是我们帮助公司发展到今天这个规模的"，那些曾经甘苦与共的伙伴为此感到失落，于是黯然离去。

我们经常会看到这样的例子，创业者很有才华，建立了优秀的企业，但那些自企业规模很小时就和自己共同奋斗、甘苦与共的兄弟却一个也没有留下。因为企业发展壮大后，一些看中企业规模、才能出众、能言善辩之人占据了要职，所以那些公司的精神根基，也就是愿意守护公司的老将纷纷离去，导致公司最终走向没落。

南洲告诉我们：组织发展壮大后，的确不能将那些虽有功绩却不适任的人置于要职，但用俸禄、金钱回报他们却很重要。

我认为，如果老将们受到重视，能继续留在公司，那么即使来了很多年轻的优秀管理者，只要他们走错方向，老将们就会给予提醒，在遇到危机时，老将们也会挺身而出。但是，当这样的老将一个都不剩的时候，我觉得悲剧就要发生了。

西乡南洲在《遗训集》第 1 条就讲述了这个内容，

这不仅适用于企业经营，还适用于政界。

特别是在政界，经常会有这样的情况，仅仅因为为政党做了一些事情，就轻易给予其大臣的职位作为报答。但是，大臣这一职位必须由经得起考验的人担任。对于有巨大贡献的人，应该以俸禄来予以回报。否则的话，就会让国家陷入危险的境地。

但是，患了"大臣病"的政治家们，无法有效地控制局面，所以让不适任者担当重任，今天日本政治的混乱局面即源于此。西乡南洲当时就针对这种危险性提出了告诫。

爱己为最不善也

前面讲过，大家帮助我创立了京瓷这个公司，我这个乡下出生且没有任何特长的、随处可见的小青年一心一意，拼命努力，结果让公司逐渐发展壮大。

但是，公司越大，我就越担心，生怕一不小心就会让公司破产。而这种担心又成了我拼命努力的动力。

但是，各位要知道，当企业经营稍稍顺利一点，往往就很容易懈怠。比如，年轻的创业者创办了风险企业，然后成功上市。上市后，当然会把自己持有的股份出售给证券市场的投资者，所以即便是一家不起眼的小企业，也能获得动辄几十亿日元的资本利得。

我见过太多这样的例子，仅仅30多岁，就获得了几十亿的财富。偏偏是这样的成功人士，在成功之后却走向了没落。

京瓷在大阪证券交易所上市时，面额50日元的股票，发行价达到了400日元。因为我是创业者，所以证券公司都劝我，如果将持有的股票出售，能获得多少多少的资本利得。但是，我没有在股票市场上出售任何自己持有的股票，而是由京瓷发行了新股，将这些新股在市场上出售，采取了公开发行新股的上市方式。

所以，在股票市场上购买我们股票的投资者们，付出400日元来购买面额50日元的股票，而这些钱全部进入了公司的账户。公司的资本金因此大大增加，变得非常充裕。我们以此为基础，推动公司的发展。我作为个人，没有获得一分钱的收益，这是我自己主动要求这么做的。

另一方面，很多企业在发展壮大后，很快就忘乎所以、狂妄傲慢，领导人将所有的成就都视为自己的功劳，最后导致企业盛极而衰。这样的例子不胜枚举。

20世纪80年代中后期泡沫经济最顶峰时，有很多人通过投资不动产获得亿万财富，一度得意忘形，不可一世。但此后陷入资产通缩，不仅失去了所有财富，还背负了巨额债务，陷入痛苦的深渊。

所以，我在告诫大家的同时，也不断告诫自己，"即使功成名就，即使取得了巨大的成功，也决不能傲慢"。

南洲在《遗训集》第26条中这样讲道，"爱己为最不善也。修业无果、诸事难成、无心思过，伐功而骄慢生，皆因自爱起，故不可偏私爱己也。"

爱己，即只关心自己而从不顾念他人，这种私心是最大的不善。修业无果、事业无成、不思悔改，这些均由过分爱己而导致。居功自满、狂妄自大也皆由爱己而来，所以决不能做这种自私自利之事。

人之所以会骄慢自大、桀骜不驯，原因也在于偏私爱己。觉得"我很了不起，是我拼命努力才让公司上市了，才让股价涨到了这么高，都是我的功劳"，所以得意忘形，让自己的企业逐渐陷入困境。我认为，傲慢会让一个人之前的努力全部付诸东流。我始终将"谦虚戒骄"当作自己的座右铭，一路走到今天。

中国的古代典籍中就有"唯谦受福"的告诫。就是说，如果不保持谦虚，就无法得到幸福。当事业发展顺利，或是在政界发展顺利，抑或身为官员，工作进展顺利时，就会产生傲慢。

拯救混迷世象所需的领导者的要谛

西乡南洲严厉地告诫我们"之所以会傲慢，就是因为过度爱己。觉得自己了不起，生出了爱己之心"。他的思想中，贯穿始终的是"无私"这一点。

对于领导人而言，最为重要的是，要放下自我，以公平无私、光明正大之心待人处事。

不管是从事企业经营，还是担任政治家或官员，如果想要身居高位，就需要付出自我牺牲。如果不能放下自我，没有让自己承担最大损失的勇气，是无法立于众人之上的。

如果让没有自我牺牲精神的人身居高位，跟随他的人就一定会陷入不幸。我认为,《遗训集》也有这样的结论, 即作为领导人最为重要的就是无私, 放下自我。最能体现这一点的, 是《遗训集》第 30 条。

其中这样写道:"不惜命、不图名、亦不为官位、钱财之人, 困于对也。然无困于对者共患难, 国家大业不得成也。此般人物, 凡俗之眼岂能看破。"

西乡南洲告诉我们:"不惜生命、不图名誉, 也不为官位与钱财之人, 是极难对付的。然而, 若非与此种难以对付的大人物共同分担忧患, 则难成国家大业。在一般人看来, 这类人物是难以理解的。"

这一条开头部分提到了:"不惜命、不图名、亦不为官位、钱财之人", 是最难对付的人。我认为这样的资质, 才是领导人最应该具备的要谛, 只有具备了这种资质, 才可能改变当前这种混迷的世象。

然而, 世界各国政治家中并没有具备这种思想的领导人, 这才是全世界, 乃至整个地球出现混乱局面的根本原因。在日本的政界、官界, 也正是因为缺乏这种胸怀大志、具备使命感的领导人, 才导致了社会混乱的不断加剧。

从这个意义上说，只有这种品行高尚、具备优秀人格的人，才能成为哪怕抛弃自我，也要为组织、为普通人民、为自己的员工尽力的领导者。我认为，必须将具备这种高尚思想和哲学的人选为领导人。

踏正道推至诚，凡事不可使诈谋

西乡南洲在《遗训集》第 7 条中讲到了"踏正道推至诚"这个内容，我想为大家读一下："事无大小，踏正道推至诚，凡事不可使诈谋。人临障碍，多爱用计，一旦事畅，后伺机而动。然计必生烦，事必败矣。行正道，目下迂远，然先行则早成也。"

西乡说，事情不论大小，都应以至诚之心，依循正道行事，决不可使用阴谋诡计。

大多数人在遇到困难阻碍之时，往往以为只要以计策权谋去应对解决，之后便可伺机而动。然而，用计谋行事必会出现后患，长远看来此事定会失败。依正道而行，似乎舍近求远绕了弯路，但实际上却是最近的道路，反而能更早成功。

西乡这样向我们讲述遵循正道的重要性，严肃地告诫我们，决不能玩弄权术和策略。

这些内容让我回想起当年创办第二电电的往事。对于电子通信事业，我完全是一个外行，没有任何专业知识。当时，政策发生了变化，电电公社开始要民营化，所谓的"新规参与"（即允许新的竞争者进入这个行业。——译者注）成为可能。

电电公社自明治时代以来就垄断着日本通信业，所以日本的通信费用比世界其他先进国家的费用都要高得离谱。虽然大家都叫嚷着信息通信时代、信息化时代即将到来，但我却担心这个全世界最高的通信费会给国民带来巨大负担。

我认为，电电公社民营化成为 NTT 之后，只要有新的参与者加入竞争，通信费用就一定能够降下来。我非常期待某些优秀的大公司会举手挑战。但由于电电公社是自明治时代以来的国有企业，拥有并运营庞大的资产，实在是一家过于强大的公司，所以，没有一家企业敢于举手挑战。因为要经营一家对抗 NTT 的企业，显然是一件极其困难且风险巨大的事，没有人敢于挺身而出，举手挑战这项新事业。

　　但如果没有人挑战的话，这种垄断体制就会延续，国民的通信费用就无法降低。我心存忧虑，经过长时间的思考，决定举手参与，创立第二电电。

　　在决定参与前的 6 个月里，我每晚上床睡觉前都会自问自答："你这家伙想要出头创办第二电电这家公司，参与通信事业，是不是'动机至善，私心了无'呢？"

　　就是说，自己是不是为了出名或是获利才想要从事这个事业的？我反复严厉地拷问自己："你这家伙真的是动机至善吗？真的没有任何私心吗？"在那 6 个月里，我每晚都坚持这么做，即使喝了酒昏昏欲睡时也是如此。最后，我得出了结论，确信"自己确实没有一丝一毫的私心，没有任何不纯的动机"。

　　我只是希望，在日本迎来信息化时代时，能够为大家把通信费用降低，我之所以抛头露面报名参加，仅仅是为了实现这一点。在我报名后，当时国铁、日本电信的各位也举手报名了。

　　国铁本来就拥有负责铁道通信的团队。要在东京、名古屋、大阪之间实现长距离通信，他们只需要在新干线的侧沟里铺设光缆，就能简单实现。还有一家名为日本电信的公司也举手报名了，他们也是一样，通过和当时的建设省及日本道路公团合作，在东京、名古屋、大阪一线的高速公路的侧沟中铺设光缆，也能简单实现长距离通信。所以，他们成立了民委日本高速通信公司，正式加入竞争。

但是，第二电电和这两家不同，没有任何基础设施，仅仅是出于想要降低通信费的愿望而举手报名的。于是报纸杂志等媒体纷纷刊载报道："胜负已见分晓了，恐怕第二电电会第一个垮掉吧。"

我们没有其他办法，只好在大阪到东京之间寻找高山，在山峰上设置抛物面天线，用无线中继的方式传送通信电波。在此期间，竞争对手只需要简单地铺设光缆，而我们却要在各个山顶建设巨大的铁塔，设置巨大的抛物面天线，经过种种恶战苦斗，第二电电才站稳了脚跟。现如今，只有这个被认为会第一个垮掉的公司生存了下来，名字叫 KDDI。

某位哲学家说过："纯粹而崇高的愿望，蕴含着超越想象的巨大能量。"西乡南洲很多次说过："依正道而行，似乎舍近求远绕了弯路，但实际上却是通向成功的'常道'。"

第二电电后来成功上市，现在已经成为一家卓越的公司。创业时和我共同奋斗的伙伴们都拥有了股票，只有作为创业者的我，没有拥有任何第二电电的股票。

这是因为一位好友对我的告诫。他是注册会计师，他对我说："你不能持有任何第二电电的股票。你不是说了动机至善，私心了无吗？所以，让部下们持股是没有问题的，但你自己不能有。"当然，身为董事长却不持有自己公司的任何股票，实在说不过去，于是在公司上市之后，我自己掏钱购入了一部分股票。

正因为有了这种纯粹的愿望，这个新事业才获得了成功，第二电电才得以以 KDDI 这个名字繁荣至今。我认为，这一切都印证了西乡先生的教诲。

几历辛酸志始坚

到此为止，我一边翻阅西乡先生的《遗训集》，一边为大家讲解。西乡先生的这些话，很多人应该至少听到过一两次吧。

俗话说，"读《论语》而不知《论语》"。古圣先贤的教诲大家不但都听过，恐怕还在书上读到过一两次。但这只是停留在知识的层面上，只在别人提到时会回答，"啊，那个我知道"。

但是，知道和做到是完全不同的事情。如果不让知道的知识成为灵魂的呐喊，就无法实际使用。

意思就是，如果希望自己成为一个公平无私的人，那么一旦成为领导人，就要抑制自己的欲望，就要把员工放在自己之前。普通人即便在知识层面理解这一点，但一到紧要关头，马上就会做出完全相反的事情。

从道理上知道，听过，但实际上却做不到。如果不将知道的道理渗透至灵魂或落实到使命层面，就无法实际使用。不管在政界、官界还是经济界，能将《遗训集》中的睿智之言作为自己人生的指针，落实到日常实际行动中的人，实在是少之又少。当我们观察全世界的政治家，就会发现，他们也都做不到。

尽管古今东西的贤人、伟人给了我们很多的教诲，尽管我们对其内容心知肚明，但能够将其落实到自己的生活中，变成自己的血肉并加以实践的人，实在是太少太少了。我认为，这就是当今这个社会呈现出种种乱象的根源所在。

所以，我想给大家介绍一下《遗训集》第5条中的内容，"几历辛酸志始坚"这句话大家应该都听到过。

就是说，如果一个人不经历艰辛，那么他的哲学、思想、志向都无法变得坚韧。西乡南洲说，为了让这些都成为自己的武器，就必须经历艰辛。

西乡南洲受安政大狱的迫害，和月照②和尚一起投河自尽，结果只有自己一人获救。在那个时代，一起投河的密友月照和尚死了，自己却幸存了下来，对武士来说，这恐怕是最大的耻辱吧。但西乡却忍受了这种耻辱。

佛教中释迦牟尼使用"忍辱"一词来表述。受到侮辱，却要忍耐，这是最难的事情。释迦牟尼说，只有通过这种忍耐，才可以帮助人走向开悟的境界，西乡南洲经历过这个过程，恐怕他当时的心情真的是非常难以自持吧。正是经历了这种艰辛，人的志向才会变得坚定，西乡南洲实在是有感而发。

我们这些人，无法经受和西乡同样的艰辛。但我们现在能做的是，在知识层面，将这样一种理解深深地刻入自己的心底。

　　我们应该反反复复，不断向自己的灵魂诉说自己希望秉持的活法，这样才可能让这些内容渗透到灵魂的层面。

　　要饱尝艰辛，在这个物质充裕的时代是无法轻易做到的。我认为，为了让自己的意志足够坚定，如果可能的话，哪怕有意识地为自己创造艰苦的条件，也要努力去经受困难的考验。

注释

（1）西乡南洲（隆盛）

　　（1828—1877）：号止水、南洲。江户后期－明治时代的武士、政治家。萨摩鹿儿岛藩士，受藩主岛津齐彬重用。岛津齐彬死后，因尊攘派对策问题触怒岛津久光，被流放。后被复用，并掌握藩政的主导权，1866 年通过坂本龙马的介绍结成倒幕运动中的萨长同盟。此后指挥了戊辰战争，实现了江户城的无血开城。

成为新政府的陆军元帅兼参议后，因征韩论与大久保利通等人产生对立，下野回乡。后发动西南战争，失败，于 1877 年 9 月 24 日在成山自裁。

（2）月照

（1813—1858）：江户时代后期的僧人，大阪人，京都清水寺成就院住持。参与尊攘运动。1858 年，与梅田云滨等人向水户藩发出密敕。在安政大狱时受到幕府追捕，与西乡隆盛等人逃往萨摩藩，被鹿儿岛藩拒绝收留。1858 年 11 月 16 日，和西乡一起在锦江湾投河。俗名玉井宗久。法名忍铠、忍向。号中将房、无隐庵等。

后　记

　　本书所刊载的内容主要来自我在盛和塾的讲演。盛和塾是我义务为小微·中小企业的经营者讲解经营之道的组织。讲演的时间是 20 世纪 90 年代前期，泡沫经济刚刚破灭，当时很多中小企业的经营者都在经历着艰难的状况。

　　在讲演中我谈到了心态在人生和经营中的重要性。有很多塾生从我的讲话中得到启发，在艰苦的环境中仍然奋起努力，让企业获得了巨大成长。本书之所以会提到一些严峻的问题，是源于当时的时代背景。我希望当时的讲演也能对那些正在探索全新活法、或者向着远大梦想发起挑战的年轻商业人士有所参考，所以就直白地讲解了那些内容。

　　我自己在年轻时遭遇过很多挫折和困难。这种时候，西乡南洲"敬天爱人"的思想始终是我心灵的支柱。所以，在本书的最后，我向大家介绍了对我影响极大的西乡南洲的教诲。

　　"心态、活法、思维方式"，无论对于我们的人生还是工作都很重要，如果大家能够坦诚地接受这一点，我将感到十分荣幸。我从内心祈愿，本书的读者能够实现更为幸福美好的人生。最后，我想对在本书出版之际给予我莫大帮助和支持的 PHP 研究所的中泽直树先生表示衷心的感谢。

稻盛和夫

2017 年 9 月

讲演素材一览

持心之法

古希腊哲学家亚里士多德说:"幸福是我们一切行为的终极目的。"人生在世,究竟如何才能获得成功和幸福? 这恐怕是自人类诞生以来,最孜孜以求,却又难以获得固定答案的一个问题了。要想获得成功和幸福,究竟要遵循怎样的为人之道? 这种为人之道在生活、工作和事业中应该如何加以运用? 这些问题对于生活在现代商业社会的每一个人,都可以说是至关重要乃至核心的问题。

本书精选了稻盛先生的多次讲演内容,保留其口语化的讲解方式,对上述问题追根溯源,给出了深入浅出、朴素亲切、逻辑清晰、具体翔实的回答。其思考之深刻,可以说已经触及人类当前的认知极限; 其表述之浅显，使其即使对普通人来说，也简单易懂。中国当代社会中，充斥着对商业现象及各种方法论的种种解说，却几乎没人能像稻盛先生这样，透过纷繁复杂的现象，找到社会和人心的根本，对其加以明确阐述，并从中导出如此深刻的、根本性的、放之四海而皆准的人生观和方法论。

在本书中，稻盛先生明确提出："这个宇宙中，存在着推动森罗万象，也就是一切事物向着幸福的方向发展的法则，或者说是意志。我们内心的'真我'与这个宇宙的意志完全一致，也就是说，只要能解放这个'真我'，所有事情就绝对都能顺利进展。"

这简简单单的两句话，却道出了宇宙人生的真理，构建了宇宙观与人生观之间的因果关系。稻盛先生认为，宇宙作为终极存在，呈现出"利他"的意志，推动一切事物不断进化发展，而人类作为宇宙的产物，只有顺应这种意志去思考和行动，自身才可能获得幸福。这实际上也就是老子在《道德经》中所阐述的"天之道"和"人之道"的关系。

浩瀚宇宙，小小寰球。相对于无边无际的广袤宇宙而言，地球就如同一粒尘埃般微不足道，人类更是可以忽略不计。然而，这颗奇妙的蓝色行星，却是成万上亿颗已知天体中唯一一颗拥有生命的星球。在其之上，历经亿万年的进化演变，产生了现代智人。如果我们能对地球的历史、生命的进化真正有所了解，就会发现，人类文明的出现实在不能不说是一个奇迹，而且是奇迹中的奇迹。让人无法不相信，这是某种伟大意志持续作用的结果。

《易经》中说，"天地之大德曰生"。人类作为自然之子、万物之灵，作为生物亿万年进化至今的最高级生命形态，应该以怎样的态度去面对这种创造自身的意志，也就是这种"大德"呢？孙中山先生说："世界潮流，浩浩荡荡，顺之则昌，逆之则亡。"同样，如果我们能以虔诚的心态和真挚的努力去顺应宇宙伟大的利他意志，我们的人生就应该可以幸福美好，人类的未来就应该可以繁荣昌盛。那么，如何才能实现这一点呢？稻盛先生告诉我们，重点是尽可能摆脱我们"心"中"自我"的束缚，让"真我"呈现。因为这个"真我"与宇宙利他的意志完全一致。

　　基于这种利他的宇宙观，稻盛先生在本书中给出了顺应这种伟大的利他意志，引导我们走向美好人生的人生观，并给出了具体的指导，告诉我们应该以怎样的心态面对人生，应该如何驾驭自己的心灵，以让自己的思维方式和行为模式符合宇宙的利他意志，从而走向成功与幸福。

　　稻盛先生指出，"每个人都能真挚地度过幸福美好的人生"。他在书中揭示了决定人生的两大要素——命运与因果法则。他主张，我们应该"肯定'命运'的存在"，因为这会让"人生更加顺畅"。这实际上意味着在主观上将"命运"这个要素接受为决定人生的两个变量之一，尽管这个变量我们无法控制，但如果承认它的存在，就能帮助我们不再对眼前的问题患得患失，而将精力集中于利用另一个变量，即因果法则来塑造自己的人生。从这个意义上说，改变对于"命运"的认知，改变"心灵状态"，就能改变行为，结果也就随之改变。这也是本书从头到尾，始终在阐述的人生道理。

　　本书第一部分，稻盛先生开宗明义地提出了人生·成功的方程式这一解释人生奥秘的工具。这个方程式实际上就是因果法则的具体呈现，也是稻盛先生整个哲学体系的核心。这个方程式只有三个变量，浅显易懂，却开创性地用理性、数字的逻辑定义了"人生"这个极其感性的概念，揭示了无数古圣先贤都曾不断探寻的人生规律。在此基础上，稻盛先生明确指出，这三个变量中的核心变量，就是思维方式，说得通俗一点，就是我们的"心态"，它是三个变量中唯一的一个矢量。稻盛先生指出，只要改变思维方式，即改变心态，就能改变人生，而且可以彻底地、根本性地改变人生。并进一步指出，这种改变是有步骤、有方法的。这也是本文题目"持心之法"的由来。

那么，应该如何改变思维方式呢？应该怎样"持心"呢？在本书的第一部分中，稻盛先生明确指出，"首先要拥有关爱和体谅之心"。这句话听上去像是道德说教，但实际上，如果站到宇宙观的高度来看，关爱和体谅之心从根本上符合宇宙的利他意志，没有这一条作为基础，意味着与宇宙的意志相违背，方程式中的思维方式这个变量就会呈现为负数，热情、能力这两个变量都会因此沦为利己的工具。这个时候，这两个数值越大，人生反而越呈现出负面结果。所以，首先就要努力多为他人思考，这也是稻盛先生在书中所提到的"六波罗蜜"的第一条。

改变思维方式的目的，是将其用于去指导实践。稻盛先生提出，"六项精进"就是重要的具体实践方法。只要努力将其付诸实践，那么，不管当下的命运如何，都能塑造新的"因"，从而让人生的"果"走向更好的方向。

本书的第二部分阐述的是心态对经营和工作的影响。稻盛先生指出，要想获得幸福，首先就要具备一颗能够感受幸福的"心"，"要主动将自己的心态往那个方向调整"。

这一部分中，稻盛先生明确指出，"幸福的人生、幸福的企业经营都由心造"，即人生、工作和企业经营都是心灵的外在写照，如果想让自己的工作或企业的经营变得顺畅，就要学会驾驭自己的"心"。那么，如何才能驾驭自己的心呢？

首先就是让自己拥有一颗符合宇宙意志的利他之

心，对于经营者而言，企业经营就应该是利他行，即善行。这实际上是从利他的宇宙观、世界观中所自然延展出的利他的企业观。也就是说，企业经营必须符合宇宙的意志，也就是中国古人所说的"道"，最重要的就是要照顾好员工，只有这样，员工才能有动力去服务好客户，才能形成利他的良性循环，企业才能成长壮大。那么，如何才能塑造一颗利益员工、利益客户、利益他人的利他之心呢？这就需要时时反省，具备真正的勇气、拥有强烈的愿望、付出真挚的努力等。

稻盛先生在第二部分的第一章中指出，时时反省对于提升人格有巨大帮助。他甚至将反省比作一种思想的"营养"，指出必须时常摄取这种营养，否则人格就会堕落，心灵就会退化。稻盛先生强调："心灵的问题需要反复再反复，不厌其烦地不断聆听相同的内容，不断进行修正。"实际上，这是因为我们的本能始终如影相随，如果不对自己的意识反复进行训练，就无法具备足够的力量去驾驭本能，判断事物时就会受制于"自我"，就会与宇宙的利他意志相矛盾。

在书中，稻盛先生在阐述了灵魂本质的基础上，提出了驾驭心灵的一个重要的方法，即通过主动抑制"自我"，腾出心灵的空间，让心灵最深处的"真我"得以呈现。由于"真我"和宇宙的本质完全相同，所以，当我们用这个"真我"进行判断时，就会符合宇宙的意志，就会带来理想的结果。

在第三章中，稻盛先生指出，经营者必须具备燃烧的斗魂和强大的勇气，论述了应该如何培养具有真正勇气的领导者。对于如何具备真正的勇气，以及如何运用勇气，他给出了诸如"用垂直攀登逼迫自己"等具体方法。

在第四章中，稻盛先生对人的显意识和潜意识进行了说明。在此基础上，他详细阐述了愿望所具备的伟大力量，以及如何运用愿望去调动潜意识，推动自身付出不懈的努力，以达成看似难以实现的目标。

稻盛先生在整个第二部分所阐述的，是面对工作和企业经营时应该具备的价值观和方法论。他用自己企业经营的经历，翔实地说明了只要让自己拥有符合宇宙利他意志的人生观、价值观，并在工作和经营中运用相应的"持心之法"，那么，在遭遇危机和困难时，我们就能够借助到宇宙的推动力，发挥出我们自己都无法想象的力量，克服危机，战胜困难，走向成功和幸福。

在本书的第三部分，稻盛先生引用记述了西乡隆盛思想的《南洲翁遗训》，阐述了领导者应该具备的资质，也就是"敬天爱人"的哲学思想和行为模式，并对照性地用自己企业经营的实践加以说明。稻盛先生说，自创办企业伊始，他就把"作为人，何谓正确？"作为判断一切问题的指针，这也是自己日后所有成功和幸福的根本所在。如果将这个基准放在稻盛先生对于宇宙的认知的大背景下，我们就可以看到，这个基准实际上具备了宇宙观层面的深彻根基。稻盛先生指出，在人类社会中，领导者必须是一个能够奉行天道的人，也就是说，要让自己的思想和行为符合上天，即宇宙的意志。他在这一部分中所阐述的公平无私、自我牺牲、知人善任、至诚之心等，都是为了奉行天道所必须具备的，而要做到这些，就必须让自己经受各种考验，这就是这一部分最后提到的"几历辛酸志始坚"。

通过这种叙事方式，读者们可以了解到，稻盛先生在经营企业的过程中，是如何实践西乡的教诲，战胜自己的本能，最后成为真正的领袖的整个思想脉络，从而能从中找到关键要点和自己的参照系，帮助自身实现进一步的成长。

稻盛先生在本书中指出，我们人生中的一切，从生活、工作到企业经营，乃至自己周围的人和事物，都是由自己的内心"召唤"而来的，如果想要改变自己所处的环境，想要让自己的人生幸福圆满，就需要不断地"提高心性"，提升思维方式。在此基础之上，稻盛先生给出了详细的方法论，即我们应该如何"持心"，怎样改造和驾驭自己的心灵。这个驾驭心灵的过程，就是不断修正和提升自己思维方式的过程，就是让自己摆脱自我的束缚，走向与宇宙的"利他"本质"合一"的过程。

稻盛先生所给出的指导，不仅仅停留在具体的方法论、人生观的层面，而是深入到了认识论、本体论、宇宙观、生命观、世界观等构成人生观基础的、更为深广的哲学层面，使得其所倡导的人生观和方法论拥有了哲学深层次上的牢固根基。其思想体系的成功构建和传播，将赋予普通人"相信的勇气"和实践的方法，我相信，这对于生活在当今这个商业时代的每一个人都具有深刻的思想价值和现实的指导意义。

有幸翻译此书，让我进一步理解了稻盛先生构筑于利他宇宙观根基之上的种种护持心灵的方法论。感谢京瓷公司对此书的编辑，感谢东方出版社为出版此书所做的努力，感谢盛和塾的各位同人为实践和推动利他哲学所付出的努力，更要感谢稻盛塾长本人数十年如一日、了无私心的言传身教。衷心祝愿本书的每一位读者，都能通过本书找到适合自己的"持心之法"，从中获得自信和力量，克服生命中的困难和障碍，开拓自己幸福美好的人生。

曹寓刚

2020 年 2 月 29 日

于日本滋贺县大津市